D1943323

La magia
de crecer juntos

Otros títulos publicados en la misma colección:

La magia de crecer juntos: siete pasos para una crianza sana y feliz

La magia de crecer juntos: los primeros 24 meses, la etapa de los milagros

Nota de la editorial: Este libro abarca la edad de dos a seis años, edad en la que en Noruega es habitual que los niños visiten un *Barnehage*, o escuela infantil no obligatoria, que fomenta el aprendizaje a través del juego, en gran parte en espacios exteriores.
En España, el objetivo de la *educación preescolar* es algo distinto ya que –aunque no tenga carácter obligatorio– constituye el primer encuentro del niño con el sistema educativo.

HEDVIG MONTGOMERY

La magia de crecer juntos

LOS AÑOS DE LA ESCUELA INFANTIL: LA EDAD DE LA IMAGINACIÓN

Grijalbo

Título original: *Barnehageårene*
Primera edición: septiembre de 2019

© 2019, Pilar Forlag As
© 2019, Penguin Random House Grupo Editorial, S.A.U.
Travessera de Gràcia, 47-49. 08021 Barcelona
© 2019, Lotte Katrine Tollefsen, por la traducción

Penguin Random House Grupo Editorial apoya la protección del *copyright*. El *copyright* estimula la creatividad, defiende la diversidad en el ámbito de las ideas y el conocimiento, promueve la libre expresión y favorece una cultura viva. Gracias por comprar una edición autorizada de este libro y por respetar las leyes del *copyright* al no reproducir, escanear ni distribuir ninguna parte de esta obra por ningún medio sin permiso. Al hacerlo está respaldando a los autores y permitiendo que PRHGE continúe publicando libros para todos los lectores. Diríjase a CEDRO (Centro Español de Derechos Reprográficos, http://www.cedro.org) si necesita fotocopiar o escanear algún fragmento de esta obra.

Printed in Spain – Impreso en España

Autores: Hedvig Montgomery Y Eivind Sæther
Editor: Jonas Forsang
Diseño e ilustraciones de interior y cubierta: Hanne Løvdal / Lovedales Studio

Maquetación: M. I. Maquetación, S. L.

ISBN: 978-84-17752-14-9
Depósito legal: B-15.241-2019

Impreso en Gráficas 94
Sant Quirze del Vallès (Barcelona)

DO 52149

Penguin
Random House
Grupo Editorial

ÍNDICE

TU HIJO

Los niños que tienen entre dos y seis años experimentan enormes cambios, y cuanto mayores se hacen, más aumenta la diferencia entre ellos. Cuando empiezan a ir al colegio, algunos vuelven a casa solos y se preparan la merienda, mientras que otros todavía necesitan ayuda para ir al baño; algunos no conocen el nombre de una sola letra y otros, por el contrario, leen libros enteros, por poner solo dos ejemplos. Esto hace que sea difícil saber exactamente en qué punto de su evolución se encuentra tu hijo, pero, al fin y al cabo, tampoco es tan importante: lo esencial es que siempre intentes ver al niño o a la niña según su desarrollo en este momento. Las diferencias pueden ser muy grandes, pero pronto se irán reduciendo. Si conectas con tu hijo sea cual sea la etapa de su desarrollo que atraviese, ya habrás dado un gran paso adelante en tus tareas parentales.

He titulado este libro *Los años de la escuela infantil: la edad de la imaginación*, y lo hago a sabiendas de que no todo el mundo puede llevar a sus hijos a una guardería, o la escuela infantil, o elige hacerlo, pues hay casi tantas maneras de organizar la vida diaria como familias existen. Cómo sean tu familia y tu vida carece de importancia siempre y cuando des con una solución que funcione. Espero que esta obra te ayude a encontrar la comprensión y las herramientas que necesitas para conectar con tu hijo durante estos años llenos de transformaciones, sentimientos e imaginación desbordada.

Créeme: en esta edad, la labor que tenéis como padres será más exigente de lo que ha sido hasta ahora.

Da igual si tu familia se compone únicamente de ti y tu hijo, o de dos adultos a cargo de un montón de hermanos y hermanastros: en todos los casos, educar a un hijo es descifrar un código. Y si tienes varios, por supuesto, deberás hacer frente a más códigos y, además, hacer que los niños funcionen como un equipo.

Eres tú quien debe establecer el marco para la convivencia y proteger el importante lazo que os une.

Cuando estés atravesando por todo lo que pueda llegar a suceder en vuestras vidas durante los próximos años, entre llantos y risas alborozadas, rasguños, ratos de lectura y noches sin dormir, recuerda esto:

Tu hijo te necesita a *ti*. Más que a ninguna otra cosa.

¡Buena lectura!

Hedvig

UN MUNDO NUEVO

El periodo que comprende entre los dos y los seis años de edad supone un viaje increíble para todos nosotros, pues pasamos de ver solo lo más cercano, lo concreto, a mirar hacia el infinito; de nuestro pequeño entorno familiar a la colectividad; de casi nada a todo... Durante esos años como padre eres testigo de un niño que florece y grita: «¡Estoy listo!».

Al niño de dos años le parece que imitar las actividades de los adultos es lo mejor del mundo, pero, solo unos pocos años más tarde, el *mundo* les sabe a poco: te puedes encontrar a tu hija de cinco años debajo de una escalera, en un gran velero que, tras surcar cientos de mares, echará el ancla frente a las costas de Borneo.

Los techos de las casas se abren, las paredes caen y las estrellas, de repente, están al alcance de la mano.

Y todos los niños realizan este viaje, en apariencia tan poco sensato; es como una pequeña semilla que germina en todos y cada uno de los seres humanos, una hermosa promesa para todos nosotros, y también para ti, pues el universo se abrirá de par en par.

Hay pocas cosas que me proporcionen tanta fe en la humanidad como un niño de cinco años, pues, cuando llega al final de ese viaje, no hay límites. Y, precisamente aquí, donde el cielo se ha abierto sobre su cabeza y el mar brilla transparente a sus pies, toma forma una parte esencial del adulto en que se convertirá.

Todo lo que los niños necesitan saber de la vida se siembra aquí, durante estos años. Un niño de cinco años está intacto, abierto; por eso debes evitar decirles expresiones del estilo: «No puedes seguir así» o «Eso no puede ser».

Al fin y al cabo, el futuro estará plagado de cálculos de probabilidades, ropa para la lluvia y deberes para casa demasiado complicados.

Deja que la semilla que llevan en su interior se convierta en algo grande, en constancia y optimismo, en todo lo que servirá para crear un mundo un poco mejor. A través del juego y la fantasía, el niño aprenderá a convivir con otros, a relacionarse con las normas y a aspirar a que le ocurran cosas buenas; él o ella verán que, si de verdad haces lo que hay que hacer, puedes llegar hasta Borneo en una pequeña barca.

La sabiduría de la vida empapa a los niños durante estos años, todo lo que hacen, todo lo que experimentan. Solo tienes que permitírselo, cogerles de la mano, subirte a la barca si te dejan. Lo que aprendan ahora será lo que les sirva para afrontar los fracasos que vendrán, las relaciones rotas, los sueños incumplidos.

Tal vez lo consigan, tal vez no.

Sea como fuere, vas a acompañarlos en un exigente y maravilloso salto hacia la autonomía: dejan el pañal, aprenden a decir «no», comen solos, hablan cada vez más como un adulto, empiezan a preguntar por qué el mundo es como es.

Son grandes retos para una persona diminuta.

Estoy bastante segura de que en tu interior sigue latente aquel niño de cinco años que fuiste, y lo llevarás contigo toda la vida. Así que cuida de él, o de ella.

La vida te pondrá a prueba, puede que más que nunca, durante estos años, pero si proteges la semilla del niño, si estás pendiente de cómo crece, sea cual sea el resultado, participarás en una expedición de la que nunca te arrepentirás.

VIAJAR A LA LUNA

Los niños pequeños descubren el mundo que los rodea paso a paso. Despacio, van a aprender cómo funciona: sabrán cómo se rompen las tazas de café y los corazones, y cómo se arreglan; deben atreverse a decir que «sí» cuando algo bonito quiere ocupar un lugar en sus vidas, deben aprender a decir que «no» cuando algo no les haga sentir bien; montarán en bicicleta, se prepararán sus propios bocadillos, treparán a los árboles, aprenderán todas las letras, se atarán los zapatos e irán solos al baño. A esta edad tienen que empezar a encontrar su lugar en el mundo, y tal vez algún día comprendan lo pequeños que son en este pequeño planeta, en este universo infinito, tal vez asuman la grandeza que hay en ver y ser visto. Y aquí apareces tú. En este fantástico viaje, el niño ha de tener a alguien a quien tomar de la mano, pues de esta forma aprenderá a relacionarse con otros, ya que lo hace contigo cerca. Así que es sencillo: ¡permaneced juntos!

Debes saber que los niños asustados no pueden aprender, ni descubrir nada nuevo, no se atreven a nada, no pueden viajar a ninguna parte, pues deben concentrarse tan solo en sobrevivir.

Pero los que de verdad se sienten *seguros* pueden viajar a la luna y volver.

LOS SIETE PASOS

1

CREAR LAZOS AFECTIVOS

A esta edad, resulta cada vez más evidente quién es tu hijo, comenzarás a darte cuenta de quién es la persona que ha llegado a tu vida, aprenderás cómo le gusta que lo consuelen, si se siente a gusto en una habitación llena de gente... Tal vez veas en ella un océano de sentimientos, tal vez se lance de cabeza a todo, tal vez sea algo reservado. Cada niño es solo él mismo, y tú tienes que descubrir cómo es, qué necesita, estar pendiente de en quién se está convirtiendo.

En los años de la escuela infantil, los sentimientos se vuelven más complejos, y el niño lo expresará con mucha más claridad, lo que transformará tu papel como padre o madre: de ser un regazo seguro, alguien que calma, acuna y seca lágrimas, deberás convertirte en alguien que está al cabo de los sentimientos del niño y saber gestionarlos.

Durante el tiempo que transcurre entre los dos y los seis años, tiene lugar una especie de explosión multicolor en los sentimientos de tu hijo, y es posible que sientas —como le pasa a mucha gente— que resulta una fase especialmente exigente. Habrá muchas lágrimas y discusiones por las cosas más extrañas, pues de ser niños pequeños que apenas acaban de adquirir el equilibrio pasan a ser escolares emocionados y serios cuando llegue el momento de comenzar el primer curso de primaria. Es un viaje en el que se produce una intensa evolución, y es labor tuya mostrarles el camino. A la vez, debes fortalecer el vínculo entre vosotros, ese *lazo* en el que tanto insisto, lo que os une.

Ese lazo es el primero de los siete pasos de la magia de crecer juntos: con él creas la seguridad que el niño se llevará a la escuela infantil, luego al colegio, al instituto... y a la vida adulta. Esa unión entre vosotros construirá los cimientos de tu hijo como persona, propiciará que un día se vaya de casa como un adulto independiente y razonablemente feliz, que sepa desenvolverse bien con quien se vaya encontrando a lo largo de su vida.

Pero para eso todavía falta mucho.

El lazo que debes crear y cuidar tiene tres partes. Suelo hablar de ellas como de tres senderos, y para alcanzar la meta has de transitar por los tres. Para la edad de la escuela infantil, debes tener en cuenta una serie de aspectos:

1. Establece una base sólida y sé capaz de dar consuelo

Para ofrecer una base sólida mostrar que eres capaz de recibir todo lo que el niño trae consigo, y se podría resumir de la siguiente manera:

«Siempre puedes contar conmigo». Todos los niños dependen por completo de recibir consuelo, tranquilidad y seguridad, necesitan tu ayuda para solucionar los pequeños y los grandes retos que llegarán, precisan de un lugar al que regresar, una base sólida.

En los años de la escuela infantil es básico que tu hijo pueda acudir a ti para recibir consuelo, y darlo es un arte cuando se aplica a los niños de esta edad. Para él, sus pensamientos son muy claros y los sentimientos, intensos, pero para nosotros no siempre es así. Como adulto, te verás en situaciones en las que debes dar consuelo por cuestiones que no te parezcan demasiado relevantes, o por algo que no acabas de comprender del todo. En realidad no importa, pues consolar no va de dar la razón al niño, sino de calmar la situación, y también de mostrar que puedes hacerte cargo de sus sentimientos y que estás ahí, que estáis juntos. Tal vez sea una de las cosas más bonitas que podemos hacer, tanto por nosotros mismos como por los niños.

Puede que lo que resulte tranquilizador varíe de un niño a otro: algunos necesitan sentarse en tu regazo y que los acaricies, y otros estar un rato a solas para tomar aire. Así que una parte importante de tu trabajo consiste en descubrir qué es exactamente lo que tranquiliza a tu niño, encontrar entre los dos vuestra manera de dar un paso a un lado.

Lo que sí puedo contarte es lo que no funciona: no sirve que grites, no sirve que tú también te enfades o te desesperes, y no sirve que hables y hables sin parar porque quieres explicarlo todo allí mismo y en ese instante. Los niños que están alterados no son capaces de asimilar más información (en realidad, esto vale también en el caso de los adultos), y la razón de ello es que nuestro cerebro entra en modo de protección cuando tenemos sentimientos muy fuertes, pues en esas circunstancias estamos programados para hacer algo muy distinto a aprender. Por eso, no debes tener grandes expectativas respecto a educar a tu hijo en situaciones en las que esté desesperado. Si gritas: «¡Deja ya de llorar! Mira, se hace así», nunca te dará buen resultado. Así pues, tu misión es conservar la calma para que puedas guiar al niño, y para que él sea capaz de dejar atrás un sentimiento intenso y complejo. *Tú* debes ser quien comprenda, quien sea un puerto seguro cuando el mundo arda en llamas, quien siempre tenga listo el regazo al que el niño pueda acudir.

No desistas, no te rindas: busca siempre el secreto para consolar a tu niño. Si tienes la sensación de que nada funciona y no sabes qué hacer para consolarlo, asegúrate de quedarte cerca de él. Muéstrale que no te vas, que no desapareces. Cada vez que de alguna manera das a entender: «Estoy aquí», pones un ladrillo más en los cimientos sobre los que tu hijo se sostendrá.

2. Un lugar al que pertenecer

El otro sendero que has de recorrer para crear un lazo entre tu hijo y tú tiene que ver con la pertenencia. Los niños necesitan pertenecer a algo, han de poder sentir que forman parte de ese algo, que estáis unidos, que vuestra familia —sea cual sea la composición que tenga de padres y hermanos— debe ser un equipo en el que el niño tenga su sitio fijo. Todo lo que hagáis juntos, todas las cosas, sencillas o especiales, que son solo vuestras lo llenarán de esa sensación vital de pertenencia, de estar en casa.

Los niños en edad de ir a la escuela infantil adoran las repeticiones, pues les dan seguridad: el mismo libro, la misma película, la misma comida. Por eso, los ritos y el ritmo son todavía muy importantes en la vida diaria familiar: cómo coméis, qué hacéis juntos, cómo os ponéis el pijama, las tareas de la mañana, qué camino elegís para ir a la escuela infantil.

Los niños adoran volver una y otra vez a lo conocido, tanto físico como mental. Se trata de dos cuestiones fundamentales: en primer lugar, como ya he mencionado, al niño le crea seguridad; y, en segundo, aprende de dentro afuera, amplía constantemente el círculo de lo conocido a lo desconocido. El mundo se va haciendo paulatinamente más grande para un niño de esta edad, y debes intentar participar en el proceso, es decir, que debes, sobre todo, estar pendiente de él. Por ejemplo, un niño de tres años quiere cosas muy diferentes en un paseo por el bosque o en los juegos infantiles del parque que uno de cinco. Deja que hagan lo que les guste, y fíjate cuando sus gustos cambien.

Como adulto, puede resultar bastante aburrido leer el mismo libro o hacer el mismo rompecabezas doscientas veces, pero es así como aprende el niño: haciéndolo una y otra vez. Y, de repente, llega un día en que lo que resulta nuevo y emocionante es otra cosa.

ACÉRCATE A TU HIJO CON ALEGRÍA CADA VEZ QUE ENTRE EN LA HABITACIÓN. ES LA MEJOR MANERA, DE MOSTRAR QUE OS PERTENECÉIS,

QUE ÉL SIGNIFICA ALGO PARA TI Y PARA TU VIDA, QUE TE ALEGRAS DE QUE EXISTA.

Esta es también la razón por la que, a veces, lo nuevo o lo desconocido despierta poco entusiasmo. El niño necesita, antes que nada, sentirse seguro.

Mi hijo mayor y yo teníamos un ritual cada vez que íbamos a la escuela infantil: nos deteníamos en uno de los puentes del río Akerselva, en la vieja zona obrera donde hermosos edificios de ladrillo todavía se alzan sobre el río y sus puentes. Junto a uno de los puentes crecían arbustos con frutos y cada día cogíamos un «fruto del bosque para un deseo». Tardábamos treinta segundos, pero hacía del recorrido un proyecto común, era algo solo nuestro. Él lo adoraba, y yo también, porque es bueno sentir que somos «nosotros» en medio del caos de todo lo demás.

Todos los niños necesitan esos segundos, esa cálida y positiva sensación de ser parte de un colectivo.

3. Acepta los sentimientos

La tercera parte del lazo que se va a establecer entre vosotros trata de que tú, como padre o madre, debes saber que todos los sentimientos del niño están allí por algo. Y tu trabajo es ver qué siente y tomártelo en serio.

En el libro anterior de esta serie, *Tiempo de milagros*, escribí sobre lo sencillos y claros que son los sentimientos de los niños pequeños: están enfadados, tristes, contentos o satisfechos. Sin embargo, cuando llegan a los tres o cuatro años, se produce un desarrollo que hace que los sentimientos y los pensamientos se «mezclen» más, pues las zonas del cerebro que se ocupan de su control empiezan a desarrollarse, y con ellas llegan otros sentimientos mucho más complejos.

Da igual el aspecto que tenga tu familia, lo realmente importante es que cada miembro tenga su propio y específico lugar en aquello que sois *vosotros*. Para los niños, resulta infinitamente importante sentir esa pertenencia.

Ahora, tu hijo sentirá orgullo, vergüenza, frustración..., sentimientos más complejos que pueden ser difíciles tanto para un niño como para un adulto.

En otras palabras: resultará más exigente ser padre. Y, a la vez, los niños necesitan, más que nunca, sentir que se aceptan sus sentimientos, que también hay un lugar para los más desbordantes y difíciles, y que al final todo irá bien.

Cuando llega el invierno, la oscuridad puede ser insoportablemente angustiante. Recuerdo que un niño de la escuela infantil de uno de mis hijos se quedaba mirando fijamente al suelo cuando sus padres iban a recogerlo, y, en cuanto salía al frío del atardecer, parecía sentirse invadido por la tristeza. Los padres estaban bastante desesperados por no poder meterse en el coche sin más y marcharse a casa. «Está oscuro», dijo el niño con pena un día cuando su padre fue a buscarle. «No te gusta la oscuridad, ¿verdad?», le preguntó su padre.

Hubiera resultado fácil descartar el problema achacándolo al intenso frío y decir, por ejemplo: «Es que así es por las tardes. Venga, vámonos ya a casa». En lugar de eso, el padre se sentó a su lado en la escalera: «¿Sabes una cosa? A mí también me inquieta la oscuridad, pero estoy seguro de que no es peligrosa, y mañana habrá luz otra vez. ¿Quieres que mañana te venga a buscar antes de que oscurezca, y vemos cómo anochece juntos?». Fue bonito verlos unidos mientras entre los dos solucionaban el problema. El padre había sido capaz de «ver» ese sentimiento, comprendió de dónde procedía y le había ayudado a expresarlo, y, de repente, al niño se le había abierto un camino a través de la oscuridad.

Sentirse visto y comprendido es un sentimiento positivo para todas las personas, en especial para los que acaban de llegar a esta vida. Por eso, los niños necesitan que intentemos desentrañar sus vivencias, que queramos entrar en ellas y compartirlas, que aceptemos todos los sentimientos que puedan tener. Lo que haces con ello es mostrarle a tu hijo que «ves», que comprendes, y, en cierto modo, le estás diciendo: «Estás bien. Y yo me quedo aquí contigo».

Cuantas más veces experimente un niño que el mundo es un lugar seguro en el que los sentimientos tienen su lugar, mejor pasará el resto de su vida.

LOS ERRORES MÁS FRECUENTES DE LOS PADRES

2 AÑOS

No estás pendiente

Tu hijo, que hace nada era un bebé indefenso, se ha convertido en una personita bastante funcional que corre, hace puzles y se entera de mucho de lo que ocurre en la vida diaria. Sin embargo, a los dos años sigue dependiendo por completo de que estés pendiente de él, necesita que un adulto lo guíe y precisa mantener el contacto continuamente. Alrededor de los tres años ya jugarán solos, pero hasta ese momento deberás permanecer en el juego con ellos, hacer el esfuerzo de repetir las cosas una y otra vez. No te dejes engañar por la impresión de que controlan mejor su mundo: un niño de dos años es rápido y está lleno de entusiasmo, pero carece de la capacidad de valorar las situaciones, por lo que es fácil que sufran accidentes o se encuentren en situaciones de peligro. ¡Debes estar pendiente de ellos!

3 AÑOS

No tienes tiempo para hablar

Un niño de tres años da la impresión de ser bastante sensato: las palabras sueltas han pasado a formar largas frases y a manifestar ideas sobre el mundo que le rodea. A pesar de que la mayoría de los niños de esta edad se defienden bien hablando, son muchas las cosas que no consiguen expresar, y precisan tiempo y ayuda para dialogar. Si se los proporcionas, te lo contará todo sobre aquello que le ha pasado, cómo está, en qué piensa. De lo contrario, debilitarás el lazo que os une: esa fantástica puerta de entrada al universo del niño.

3 A 5 AÑOS

Regañas al niño por cosas que no puede evitar

Uno de los errores más frecuentes entre los padres es creer que los niños comprenden más de lo que lo hacen realmente. Y la razón suele ser que el lenguaje mejora, que vemos cuánto han crecido, que se defienden mucho mejor en el mundo. Es fácil creer que los pequeños son ya bastante mayores, pero lo cierto es —y esto es algo que procuro recordar siempre a los padres— que el niño necesita mucho tiempo para entender las consecuencias de sus actos y controlar los sentimientos, y valorar las situaciones con acierto requiere una infancia completa. Así pues, no regañes al niño por algo que no tiene expectativas de lograr. Cuando dices: «¿No entiendes que no puedes ir allí?» o «¡Deberías darte cuenta de que no puedes comer más tarta!», estarás dando en el clavo: si el niño lo entendiera, no lo haría. Y la labor de enseñarles a comprender te corresponde a ti.

5 AÑOS
No te tomas al niño en serio

A esta edad, el niño entra en una fase más seria: busca el significado de las cosas, quiere hablar de la vida, la muerte y Dios, sobre las estrellas en el cielo y las rocas del suelo: es la etapa filosófica de la infancia. Y tu labor consiste en acompañarlo en su búsqueda de respuestas, lo que significa que deberás escuchar sus preguntas y responder lo mejor que puedas, y celebrar esa mirada casi mágica sobre la existencia. Acompáñalo en el viaje: el mundo es un lugar fantástico visto a través de los ojos de un niño de cinco años.

El mayor reto es, probablemente, que te hará preguntas cuya respuesta desconozcas, o que te cuestione por lo mismo una y otra vez. No pasa nada por decir que no lo sabes, pues tu hijo no necesita que seas quien lo sepa todo, tan solo que compartas su curiosidad, así profundizarás con él en las grandes cuestiones, y ese es un buen lugar para estar juntos.

5-6 AÑOS
Afrontas las transformaciones con castigos

En esta fase, tu hijo sufrirá grandes cambios. Las niñas suelen adelantarse a los niños en muchos aspectos, y tendrás la sensación de que hay mucha resistencia por hacer lo que se les pide y sentimientos muy intensos. Olvidan con más facilidad y tienden a comportarse como un pequeño oponente, con palabras malsonantes y portazos, por algo muchos llaman a este periodo la «adolescencia de la infancia». En este momento, el deseo del niño consiste en hacerse con el control de sentimientos muy intensos, por ello son capaces de llegar a verdaderos extremos, y eso puede resultar muy extenuante, para ti también (tal vez hayas pasado de tener un filósofo de la vida a un niño que exprese odio por sus padres). Además, tu hijo está inmerso en el proceso de dar un gran paso en la comprensión de sí mismo y del mundo, un desarrollo que también implica grandes cambios en el cerebro.

Cuando llega esta etapa, el sueño es especialmente importante, por lo que puede ser provechoso limitar las actividades de ocio, en especial durante el primer año de escolarización. Sin embargo, lo más importante en esta etapa es que no debes dejar que todo esto cree una distancia entre vosotros: no castigues, no respondas regañando. Los cambios de tu hijo son parte natural de su desarrollo, y necesita sentirse tan próximo a ti como antes.

También esto, como tantas otras cosas, pasará.

2

APRENDER A CONTROLAR LAS EMOCIONES

El gran proyecto del niño durante los años en los que acude a la escuela infantil es desarrollar sus emociones. Pronto se desatará una tormenta de sentimientos nuevos y más sofisticados, y una de las cosas más importantes que debes hacer como padre es afrontarlo de manera segura. Habrá lágrimas, frustración, ira, esperanza y decepciones, pues para el niño se abre un mundo nuevo y desconocido. Con todo, en este paisaje solo tú conoces el camino, solo tú lo has visto todo antes, por lo que solo tú podrás poner las cosas en perspectiva y hacer que las emocionas sean menos intensas.

Una cosa es segura: tu hijo te va a necesitar.

Tú eres el guía

Cuando un niño de dos años se ríe desde lo más profundo de su ser, lo hace con una risa eufórica, recién nacida y alocada; igual que cuando un niño de tres años se asusta de las sombras junto a la ventana, el miedo que siente es real: tanto la alegría como el temor son salvajes e intensos. Por ejemplo, cuando un niño de cuatro años pasa por delante de alguien que pide limosna en la calle, puede tener la experiencia fundamental de que «ahí hay alguien sentado que tiene frío, y al que yo puedo ayudar de verdad». Nosotros, los adultos, solemos estar ya moldeados, hemos asumido que tal vez podamos ayudar a alguno, aunque no a todos; sin embargo, para tu hijo puede convertirse en una experiencia intensa. Lo mismo ocurre con un niño de cinco años que ha dirigido la mirada aún más allá, y puede preguntarse cuál es el sentido de la vida: ¿qué hacemos en realidad aquí en la tierra? Los adultos hemos aprendido a vivir con las grandes cuestiones vitales sin respuesta, cargamos con nuestros pequeños problemas y no vemos la luna, no nos marean el universo infinito, los agujeros negros, la materia oscura o la duración de un año luz. Desayunamos, vamos a trabajar y aprendemos a asumir que no hay que saberlo todo.

La mirada del niño puede ser hermosa durante estos años, pues, en cierto modo, es completamente limpia. Pero eso también hace que todo lo que experimentan se magnifique, que los colores sean más intensos: pueden enfadarse muchísimo por un zapato que no se ajusta al pie, aterrorizarse por algo que no supone peligro alguno, pueden preocuparse mucho y ponerse enormemente tristes, o sentirse desconcertados y perdidos. Sencillamente, les falta la rutina, ya que es su primer viaje por todos y cada uno de los sentimientos que llegan a oleadas, y, como estos siempre se adelantan a la adquisición del lenguaje, les resultará difícil expresar con palabras lo que experimentan.

Al experimentar emociones nuevas, los niños aprenden a gestionarlas. Pero nunca aprenden solos; necesitan que tú calmes la situación y muestres el camino.

Y la única ancla que tienen en el mundo de los sentimientos es un adulto seguro; a quien tienen es a *ti*. Eres tú quien les muestra el camino, quien conoce el terreno, quien les enseña cómo pueden cruzar los valles más profundos, atravesar los ríos más caudalosos...
Es completamente imposible para un niño hacer ese viaje solo, alguien tiene que sujetarlos, guiarlos, alguien debe decirles con voz calmada: «Tranquilo, ya he visto esto antes».

De lo contrario, la tarea se hace demasiado ardua.

Dibujar un mapa despacio

Tú eres el guía de los sentimientos, tienes el mapa del viaje que el niño tendrá que hacer, pero, en ese camino, tan solo deberás *acompañar*, pues es del niño, no tuyo. De esta manera, no puedes exigir a tu hijo de tres años, por ejemplo, que no tenga miedo cuando vea las siniestras sombras de las cortinas bailar por el suelo. No puedes decirle: «¡Venga ya, si eso no tiene que darte ningún miedo!». Recuerda que has dedicado media vida a controlar tus propios temores, que hubo un día en que alguien tuvo que orientarte a ti, cogerte de la mano y mostrarte que, en realidad, la oscuridad no era tan peligrosa.

Acompaña a tu niño en sus sentimientos: «Sí, entiendo que parece tenebroso, pero, oye, vamos a ver qué pasa ahí. Es la luz que da en las cortinas, ¿lo ves?». Cuando se haya tranquilizado y ya esté en su cama, podrás decirle: «¿Te encuentras mejor ahora? Me quedaré aquí sentada hasta que te duermas».

Ve despacio

El niño necesita que comprendas lo que no es capaz de decir. Cuando las olas de los sentimientos intensos llegan, no sabe de dónde vienen, y tiene pocas posibilidades de controlarlos, por lo que, con frecuencia, se sentirá completamente desbordado.

Por eso, precisa que vayas despacio. Así, en lugar de reaccionar de manera brusca, irritada y poco meditada, debes recordarte a ti mismo que siempre hay un motivo por el que tu hijo siente lo que siente. Y que necesita saber que estás con él, también cuando las

cosas se ponen difíciles. Esa es una de las razones por las que poner límites al tiempo que le dedicas en estas situaciones u otro tipo de reacciones asociadas a castigos es peligroso para el contacto entre el niño y tú, para el vínculo, pues estás haciendo lo contrario de comprender y afrontar el sentimiento juntos. Lo que está diciendo un «se acabó el tiempo» es: «No te tolero tal y como eres».
De este modo, el adulto olvida que el niño no tiene la capacidad de construir un puente entre los sentimientos y la razón, y se lo castiga por algo que no puede evitar, se lo abandona cuando más necesita un guía.

Ocurre con bastante frecuencia que, cuando tengo niños en terapia aquí, en mi despacho, pienso para mí que lo único que de verdad importa es tender ese puente. Si tengo éxito, soy testigo de esa transformación: su rostro se suaviza, se sienta más al borde del sofá, se acerca, florece. Por el contrario, si un niño siente que se le mira como si tuviera un defecto, se sentará en un rincón, con los brazos cruzados, a solas con sus sentimientos. Es fácil para nosotros, los padres, ver su gesto despectivo y pensar que es una especie de rebeldía, que se enfrenta a nosotros, pero debemos intentar verlo al revés: en lugar de «Me rechaza», podemos decirnos «Vaya, esta vez no me ha salido tender el puente». Por esta razón, es imprescindible que comprendamos que la responsabilidad es nuestra; de lo contrario, si estás pendiente todo el tiempo del rechazo del niño y piensas que es algo que hace *contra* ti, lo estarás apartando de tu lado.

CONTROLAR LOS SENTIMIENTOS MÁS INTENSOS ES DIFÍCIL PARA LOS ADULTOS, Y CASI IMPOSIBLE PARA LOS NIÑOS. NECESITAN TU GUÍA Y MUCHOS AÑOS DE PRÁCTICA. RECUERDA QUE EL CEREBRO HUMANO NECESITA MÁS DE VEINTE AÑOS PARA ACABAR DE DESARROLLARSE.

Tu responsabilidad como padre es tomar el otro camino, afrontarlo de una manera tranquila y segura, tender puentes.

En un centro comercial próximo a mi casa, vi una niña, de unos tres años, que estaba triste y no quería acompañar a sus padres a otra tienda. Su reacción fue dejarla allí de pie y alejarse: la idea era que comprendiera que tenía que irse con ellos o se quedaría sola. Sé que esta es una manera bastante habitual de hacer que los niños te sigan, porque funciona: tu hijo se asusta e irá detrás de ti por miedo a ser abandonado. Sin embargo, que algo funcione no quiere decir que sea correcto, pues la solución nunca debería pasar por abandonar al niño. Por supuesto que a veces los padres se cansan, sé tan bien como cualquiera que es así, pero dejarlo abandonado es un indicio de que no has sido capaz de construir el puente que necesitáis, y eres tú quien debe construirlo. Puedes hacerlo acercándote a tu hija, que se ha cansado, ponerte en cuclillas y decirle: «¿Prefieres irte a casa? ¿Te parece que estamos tardando mucho? Lo sé, pero solo tenemos que hacer esto y luego nos iremos». De este modo, habrías ayudado a la niña a dejar atrás un sentimiento complicado, habrías tendido un puente en lugar de abandonarla.

El niño no se vale por sí mismo.

Ante una situación difícil, tu tarea debe ser solucionarla lo mejor que puedas, y siempre sin dejar al niño solo.

¿Cómo mostrar el camino?

A esta edad es fácil enfadarse con los niños: pueden parecer muy irracionales, en gran parte porque no comprendemos lo que están intentando decirnos. Es importante recordar que no son adultos en pequeño formato y se les va a dar mal gestionar sus sentimientos durante bastantes años, a la vez que estos supondrán un reto cada vez mayor para ellos.

También debes saber que jamás en la historia de la humanidad ha sucedido que un niño haya aprendido a ser sensato a base de amenazas o golpes. Cuando tienen miedo, la conexión entre sentimientos y pensamientos se bloquea; es como si les pusieras una venda en los ojos y no pudiesen ver nada del mapa con el que debes familiarizarlos.

Los niños asustados no aprenden nada, por lo que, si los asustas, siempre obtendrás el resultado contrario al que buscas.

Entonces, ¿cuál es la mejor manera de mostrarles el camino?

DOS PASOS PARA ACERCARNOS A LOS SENTIMIENTOS

Si tu hijo está triste, enfadado o desesperado, hay algo que debes «ver» antes de solucionar la situación; es decir: en primer lugar, has de entender, y, luego, guiar. Aceptar todos los sentimientos que puedan surgir es la primera parte de tu tarea como adulto, pero no es suficiente en sí misma, pues el niño también necesita que lo ayudes a seguir, que lo ayudes a encontrar calma, que seques sus lágrimas y busques algo que os haga sonreír juntos. Eres tú quien tiene el poder de enseñarle lo verdaderamente importante para todos los seres humanos: lo que siente está bien y la vida siempre sigue.

En todas las situaciones que os esperan, son estos dos pasos los que cuentan:

1. Conectarse con los sentimientos y mostrar comprensión

Ahora que tu hijo ha mejorado su capacidad lingüística, será más fácil descubrir qué siente y conectarte con él. «¿Te pusiste triste porque tuvimos que ir a la escuela infantil? ¿Te parecía más divertido estar en casa? Uf, lo entiendo.» Es bueno para todo el mundo, independientemente de la edad, sentirse visto y comprendido, y cuando te conectas con los sentimientos del niño, le estás diciendo que lo ves, que sus sentimientos tienen un lugar en el mundo, lo que lo llena de seguridad. A veces no sabemos exactamente cuál es el problema, solo que todo resulta complicado; en esos momentos, puedes decirle, por ejemplo: «¿Se te ha hecho todo muy difícil?».

Que los sentimientos se hagan más complejos implica que debes estar muy pendiente del niño, tratar de interpretarlo y ayudarle a desenvolverse en un paisaje sentimental que se expande continuamente.

2. Ayudar al niño a seguir adelante

Si solo muestras comprensión por lo que siente, pero no le enseñas un camino para encontrar una salida, puedes retenerlo en ese sentimiento. Recuerda que eres tú quien tiene la perspectiva, y quien debe conocer lo bastante bien a su hijo como para saber cuándo y cómo puedes ayudarle a seguir adelante: «Entiendo que no quieres ir a la escuela infantil, pero te lo sueles pasar bien cuando llegas allí. ¿Quién crees que habrá hoy? ¿Crees que el coche de bomberos te estará esperando?».

Los niños necesitan, exactamente igual que los adultos, que les recuerden que la vida continúa. Cuando se haga mayor, también podréis hablar de cosas que resultan difíciles para un niño de tres o cuatro años, pero del todo imposibles para uno de dos, de que conviene llevarse bien, que puede ser bonito compartir, que todo el mundo hace alguna pequeña tontería de vez en cuando. Pero recuerda que lo que le digas tan solo tendrá algún efecto una vez que los sentimientos se hayan calmado.

El laboratorio del niño

Los años de la escuela infantil son el tiempo de la fantasía, en el que los sentimientos y la imaginación se unen de una manera maravillosa. Así, poder contar con un mundo de fantasía es tener un lugar donde desarrollar los sentimientos, practicar con ellos. Se puede decir que la imaginación es el laboratorio de vida de los niños, pues es allí donde aprenden y crecen como personas.

Como padre tienes mucho que ganar si respetas y muestras curiosidad por ese bonito mundo. Sin embargo, si piensas que tu hijo necesita entender la vida como realmente es, si quieres que un niño de tres años sea «realista», lo que provocas es que su entorno empequeñezca. Así, le estarás quitando el laboratorio al investigador, y el niño se moverá por un universo menos seguro. Ahora y en el futuro.

Lo que cuenta en este periodo mágico de la infancia es participar en la diversión.

Y te aconsejo que no te lo pierdas: los peluches se levantan y hablan, los árboles tienen brazos, las piedras susurran secretos y las verduras del plato sonríen. El niño le dará a todo lo que le rodea un alma y una voz.

En cierto modo es así como logran sus primeros compañeros de juegos: ya sea un palo, un muñeco o un cepillo de dientes, lo que en realidad está pasando es que el niño se está ejercitando para comprender que otros ven las cosas de manera distinta a la suya, aprende que existe otra cosa que «no soy yo». Practican relacionarse con otras personas, «leerlas», crear vínculos, y este es un ejercicio importante para la vida que vendrá.

Cuando tu hija cumpla tres, cuatro años, empezará a orientarse más hacia personas ajenas a la familia. Fantaseará con ser bombera, doctora o mamá, te invitará a tomar el té y a grandiosas cenas palaciegas, una portunidad para probar distintos papeles, ver cómo otros reaccionan ante ellos; en pocas palabras: ensaya la convivencia con otros. Así pues ante la próxima invitación a merendar por séptima vez durante una misma tarde, piensa que es un aprendizaje valioso para tu hija.

Alrededor de los cinco años, la fantasía campa a sus anchas con absoluta libertad: «Una nave espacial, ¿no? Ningún problema, ¡la construimos!». De repente, todo el mundo puede ser princesa o superhéroe, el mundo es ilimitado y tu hijo, imbatible, necesita verse a sí mismo y al mundo de esta forma porque muy pronto estará camino de la edad escolar y de los juegos regidos por normas. Entonces, tendrá que aprender a funcionar en sociedad, en el mundo real, con todas sus reglas y cálculos. Por eso, ahora debemos dejar que la fantasía sea libre.

Espera a que la luz esté encendida

No es difícil para algunos padres tener ambición para sus hijos, desear que sepan hacer todo aquello que ven hacer a los otros niños de la escuela infantil, sentir que las cosas les salen bien, que aprenden. Pues bien, igual que con la fantasía, el niño irá paso a paso para manejar un mundo cada vez más grande, funcionar entre amigos y encontrar su lugar en la familia.

Sin embargo, no puedes forzarlo, pues solo dará un paso más cuando esté listo. Un día ocurre, sin más, y lo único que puedes hacer como padre es estar pendiente de él, ver cuándo está preparado para afrontar nuevas tareas, juegos, actividades y aventuras, momento en el que podrás facilitarle las cosas, estar disponible, dejar que intente alcanzar aquello que anhela.

Todos los niños se benefician de encontrar las palabras que describan sus sentimientos, de aprender a transmitir lo que les ocurre en su interior, pues es la receta perfecta para ser feliz en el futuro.

Puedes visualizar el cerebro del niño como un gran edificio: con paciencia, van subiendo piso por piso, encienden la luz en cada uno de ellos, y solo cuando esto ocurre pueden entrar. Si intentas acelerar el proceso, empujándolo para que entre en una de las estancias que están a oscuras, el resultado no será nada bueno.

Para el niño resulta completamente natural ir paso a paso, así es como está diseñado, va adquiriendo nuevas capacidades todo el tiempo, enciende la luz en un piso tras otro hasta que todo el edificio resplandece.

¿Tu trabajo? Olvida tus propias ambiciones, carecen de valor. El niño solo es quien es, y debes intentar ir de su mano, no por delante.

¡OH, OH, OH! NO ME SALE

Nadie puede sentirse tan frustrado como un niño de tres años. Sabe exactamente lo que quiere, pero los dedos parecen no responder del todo: cuentas, piezas de construcción, lápices, ropa, todo puede volar por los aires y estropearse bajo los efectos de la gran decepción del niño.

La frustración es un sentimiento muy intenso y, en realidad, son dos sentimientos en uno, pues contiene tanto el deseo de ser capaz de hacer algo como la decepción por no serlo. Y aquí llega la función del adulto: es fácil enfadarse con un niño que tira las cosas y las estropea, pero lo que necesita es un adulto que entienda tanto su deseo como su frustración, y, sobre todo, que le ayude a seguir adelante. «Vaya, ¿no te ha salido ensartar las cuentas? Ya lo sé, es difícil. Casi todo el mundo tiene que intentarlo muchas veces para que le salga»: estas palabras le dan al niño una información más valiosa que una regañina por haber tirado una bandeja de perlitas. Si actúas de esta forma, es más fácil para él volver a intentarlo.

Lo peor para un niño frustrado es un adulto que le dice que en realidad es muy fácil, y que se lo demuestra haciéndolo él. Una niña de tres años no se va a alegrar de que tú sepas ensartar perlas, eso lo da por descontado. No lo hagas por ella, ayúdala a intentarlo de nuevo o a recoger y probarlo más tarde. Siempre llega el día en que se logra, en que de pronto todo fluye, y eso es lo maravilloso de la frustración: se trata de un sentimiento que sienta las bases de los auténticos triunfos.

Si quieres equipar a tu hijo con ganas y valor para tener éxito en la vida, primero debéis tolerar la frustración los dos.

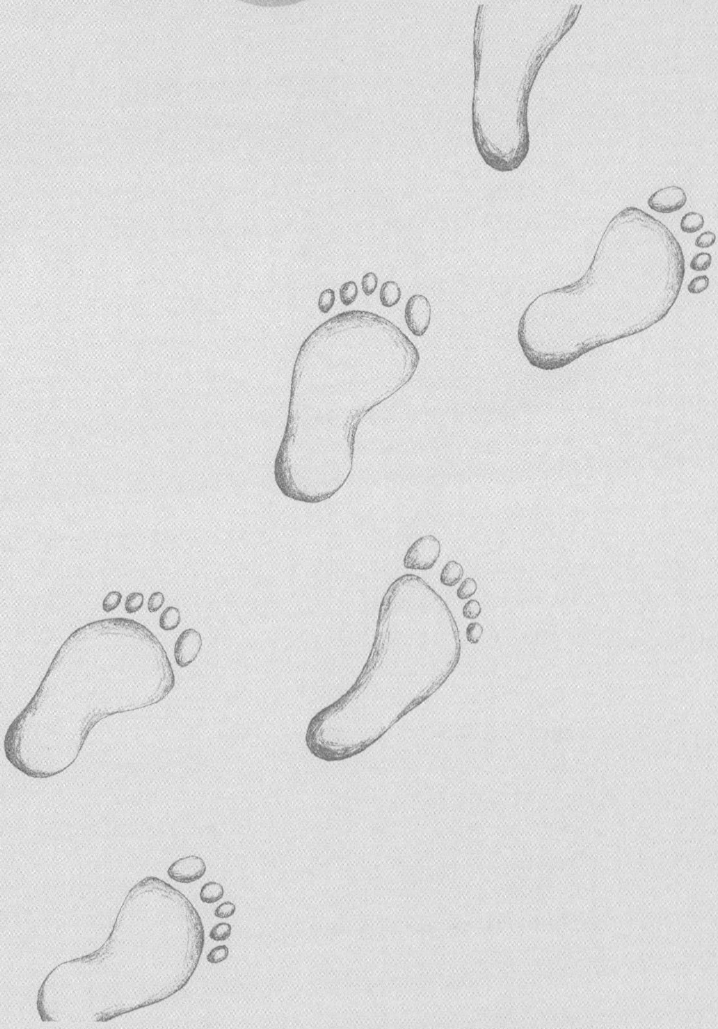

LA EVOLUCIÓN

EL NIÑO DE DOS AÑOS: ¡SIEMPRE DESPIERTO!

¡El pequeño se ha levantado y camina! El niño de dos años empieza a tomar el control de su cuerpo. Puede subir y bajar una escalera, pero lo hace con su peculiar manera de caminar: siempre pone el mismo pie primero. Y es capaz de abrir una puerta y darle una patada a un balón, pero pierde el equilibrio con facilidad. A la vez, emergen sin parar nuevas palabras y frases, y empiezas a conocer a la personita que ha llegado a tu casa. El mundo es grande y emocionante para una niña de dos años, todo está por descubrir, pero, a la vez, tiene poca noción de las consecuencias, y el aumento de la velocidad y la falta de comprensión forman una combinación que supone un reto. Así pues, nunca es del todo seguro dejar a un niño de esta edad que vaya por libre, ya que pueden pasar muchas cosas en muy poco tiempo.

Ahora le encanta oír hablar y participar, así que imitará lo que escuche en casa y en la guardería, aunque no tenga ni idea de lo que significa lo que está diciendo: hasta en las casas más estrictas un niño de dos años puede maldecir como un aficionado al fútbol en la grada. Con todo, la comprensión también llega muy rápidamente, así que asegúrate de que le ofreces el lenguaje como un regalo para su vida social y como alimento para su mente: háblale, léele cuentos y juega con rimas y adivinanzas.

EL NIÑO DE TRES AÑOS: PRUEBA Y ERROR

«¡Yo solo!», grita tu hijo, que acaba de cumplir los tres años. Y, hasta cierto punto, así es, pues su control corporal ha mejorado muchísimo: puede correr, saltar, abrochar botones grandes, comer con cuchara y beber de un vaso sin derramar el contenido. Y también descubren antes lo que quieren y lo que no, por lo que escucharás muchos «¡No!» y «¡No quiero!», y se producirán gran cantidad de conflictos tanto con otros niños como con otros adultos, en especial cuando estos últimos esperen más del niño de lo que en realidad es capaz de hacer.

En esta etapa, el lenguaje ha evolucionado tanto que las palabras se desbordan, y la tarea de familiarizarse con sus propios sentimientos comienza a ser ardua, pues es la etapa en la que vivirá nuevas sensaciones y mucho más complejas. El orgullo, la frustración y la vergüenza van madurando, lo que le proporcionará al niño una nueva comprensión de sí mismo como parte de la colectividad, y le dará indicaciones sobre cómo compartir y jugar con otras personas. Sin embargo, al ser todo nuevo, la amenaza del conflicto es constante.

Como padres de un niño de tres años el trabajo de interceder, comprender y ver lo que hay detrás de cada acción será más exigente que nunca.

«¿Qué es lo que ha pasado de verdad?» es una pregunta mucho más importante que lo que realmente has visto, pues a esta edad tu hijo no podrá contarte lo sucedido como lo haría de mayor, ya que necesita de tu paciente ayuda.

EL NIÑO DE CUATRO AÑOS: «¡ME LO SÉ TODO!»

Ya está aquí: ahora tu hijo es más independiente en todos los aspectos. Juega con otros niños y ha empezado a preguntarse el porqué de las cosas, y las letras mayúsculas y las exageraciones han aparecido en su vida, por lo que no te sorprendas si llegan las amenazas de marcharse de casa. En esta etapa, tu hijo necesita expresarse con todo lo que tiene a su alcance: el baile y el juego físico son fantásticos a esta edad, ¡es como si el cuerpo lo supiera todo!

Así, será capaz de solucionar algunos conflictos por sí solo, y casi parece que alardea cuando cuenta todo lo que sabe hacer. No obstante, también necesita a sus padres como punto de referencia estable, pues son el lugar al que acudir, la red de seguridad cuando algo sale mal y le hace falta ánimo, por lo que esta es la edad donde el peligro de sobrevalorar al niño es mayor. Puesto que es fácil pensar que debería saber lo que hace, a esta edad se suele creer que el castigo funcionará. Y, sin embargo, no es así: un niño de cuatro años necesita libertad, pero a la vez precisa que vayas con él y le enseñes el camino, pues sigue habiendo muchas cosas que no es capaz de hacer por sí mismo.

EL NIÑO DE CINCO AÑOS: EL PEQUEÑO FILÓSOFO

El cuerpo más esbelto, la cabeza más rápida y, de pronto, es más filósofo que explorador. Tu hijo de cinco años empieza a ser él mismo, y las diferencias entre otros niños se van haciendo más visibles; por ejemplo: quedará más claro si le gusta dibujar o construir, o las dos cosas a la vez. Y si bien es verdad que la edad de las rabietas ha pasado, eso no quiere decir que haya acabado de explorar los grandes sentimientos, pues a esta edad es más frecuente que los interiorice, así que las primeras angustias e inseguridades con frecuencia hacen su aparición en este momento, y, por lo tanto, la necesidad de que alguien los anime será mayor que nunca. Un consejo: tu hijo no da por descontado que estás de su lado, lo tienes que demostrar.

Con cinco años, estará en condiciones de aprender cosas más complejas, pero, como en fases anteriores, esto también se producirá paso a paso. Y ten en cuenta que podrá dedicar mucho rato a algo que él haya elegido por sí mismo, pero, si eres tú quien decide qué es lo que tiene que practicar o en qué debe concentrarse, como mucho podrá hacerlo durante un máximo de quince minutos. Así que tenlo en cuenta: se trata de realizar actividades breves y divertidas.

3

PLANTAR CARA A TUS PROPIOS PROBLEMAS

Durante estos años, en especial cuando los niños inician la «etapa del no», se te pondrá a prueba de una manera que no habías podido imaginar nunca. Quizá pensabas que ibas a ser uno de esos padres «majos» y pacientes, pero eso fue antes de que los niños discutieran sin pausa durante la cena, o antes de que un desacuerdo sobre el cordón de un zapato haga que el niño te golpee con sus pequeños puños en el recibidor. Así que es ahora cuando descubrirás quién eres en tu papel de padre o madre.

Y no exagero: durante los próximos años te enfrentarás a situaciones muy exigentes casi a diario, y tus reacciones inmediatas te pondrán al descubierto. ¿Devuelves los golpes? ¿Zarandeas a una niña que grita? ¿O la regañas exactamente igual que tu padre te regañaba a ti? La mayoría de nosotros experimentaremos la sensación de que nos están presionando hasta el punto en el que no te reconoces, o que eres una versión de ti mismo que tenías la esperanza de no tener que volver a ver.

Convivimos durante toda la vida con nuestra propia infancia. Para algunos es una carga pesada, para otros no representa un problema y hasta es bonito, pero todos llevamos en nuestro interior las huellas que nos dejaron cuando éramos niños: la primera vez que sentiste vergüenza, miedo o tristeza, todas las traiciones que has vivido y toda la seguridad que has sentido.

Estoy completamente segura de una cosa: no hay padres perfectos. Estamos marcados por las cosas que nos han ocurrido, y estas se transforman en esquemas, en maneras automáticas de reaccionar. Puede que para nosotros se trate de actitudes perfectamente naturales, pero eso no quiere decir que sean correctas. Y es precisamente ahora, con niños de esta edad, cuando te verás cara a cara con esos esquemas que te condicionan.

Debes saber lo siguiente: también es ahora cuando tienes la posibilidad de romper con ellos, de modificarlos y de marcar una gran diferencia.

«Me convertí en quien no debía»

Un día, Astrid, a la que conozco desde hace años, me llamó. Se crio en un hogar muy religioso y estricto, en el que muchas cosas eran consideradas malas e incluso pecado y que sus padres castigaban con rigor. Uno de sus primeros recuerdos de infancia es que le daban unos azotes en el culo o la castigaban al rincón hasta que se arrepintiese de algo supuestamente malo que había hecho. El pecado estaba allí, por todas partes, todo el tiempo. Le llevó muchos años elegir su propio camino, volver a andar bien erguida, pero poco a poco consiguió sentir tierra firme bajo los pies: estudió lo que quiso, se casó con un hombre bueno y tuvo hijos.

Si contemplas tu propia infancia con comprensión, es más fácil cambiar las cosas que no quieres trasladar a la educación de tus hijos.

Sin embargo, cuando me llamó, estaba desesperada: «Todo se está desmoronando», me dijo. Me contó que había tenido un problema con su hija de cuatro años: la niña se había servido un trozo de tarta muy grande y Astrid la había regañado y mandado a su habitación sin comérsela. Le había dicho que se quedara allí avergonzándose de lo que había hecho. «Mientras estaba allí, regañándola, perdí el control por completo. Me *convertí* en mamá, y me había prometido a mí misma infinidad de veces que nunca sería como ella.»

Me habló del llanto de su hija, de cómo le impactó la mirada de su marido y de que se había sentido totalmente desesperada. Tras el incidente, se fue a dar un largo paseo, hasta que acabó agotada y desmoronada: «Tal vez sea mejor que desaparezca, ¿y si echo a perder a mi familia?», pensó.

Son muchas pequeñas cosas las que nos provocan y pueden reactivar viejos esquemas. En el caso de Astrid, habían convergido demasiados de esos factores a la vez: comida, vergüenza, avidez... Y de repente se sintió retada en todos los frentes. El resultado no fue muy bueno, pero, afortunadamente, la estabilidad de que gozaba su vida y la mirada de su pareja, que le hizo pensar: «No era así como íbamos a educar a nuestros hijos juntos», le permitieron darse cuenta de su error. A pesar de que en ese momento se sintió desesperada, tenía todo lo que le hacía falta para romper ese viejo círculo.

Reacciones rápidas

Somos muchos los que hemos tenido una infancia que debería haber sido mejor: los que aprendimos a distanciarnos, a esconder nuestros sentimientos, a reaccionar con ira, a sentirnos amenazados a la primera de cambio, los que apartan a las personas que buscan cercanía o los que han aprendido a controlar el caos con cualquier cosa a su alcance que pudiera dar sensación de orden.

Pueden ser reacciones intensas y evidentes, o pequeñas y ocultas, y todo ello puede resultar útil en la vida adulta, pero nunca lo será aplicado a la vida familiar, pues en ella necesitamos estar unidos y sentirnos cerca cuando las cosas se ponen difíciles, nunca apartar al resto para mantener el control.

Uno de los factores que provocan que los esquemas interiorizados supongan un reto es que emergen automáticamente. La reacción ante lo que hace el niño llega de forma repentina, y en esos casos resulta fácil pensar que esa es la manera correcta de actuar. Así, puede que justifiques tu propia reacción diciéndote, por ejemplo, que era importante dejarle claro al niño qué era lo que estaba mal, o que te conformes con pensar que no puedes hacer nada al respecto: «Yo soy así», te dirás.

A nadie le gusta reconocer estos aspectos de su personalidad, y menos aún profundizar en qué es lo que está ocurriendo. De esta forma, en lugar de escarbar para saber por qué reaccionas como lo haces, desearías olvidarlo todo y esperar que no vuelva a pasar.

Yo les digo a mis conocidos que cualquier suceso de esa naturaleza en realidad es una invitación a convertirse en mejor persona y en mejor padre o madre.

Los sentimientos intensos y condicionantes como la culpabilidad y la vergüenza son especialmente fáciles de transmitir a los propios hijos. Si te han educado de esa manera, en cierto modo estás entrenado para ello, está allí como algo natural, aunque pueda resultar erróneo y dañino para tu papel como padre.

Muchos de esos esquemas que adoptaste de niño, que entonces te resultaban imprescindibles, pueden ser lo contrario de lo que ahora necesitas.

Creo que cada generación puede hacer las cosas un poco mejor que la anterior, que todos podemos modificar un poco la historia familiar y sus hábitos. Lo creo y espero que sea así en mi propia vida, como sucede en las vidas de los que conozco en el ejercicio de mi profesión. La participación de una pareja en las tareas de criar y educar a tu hijo también lo facilita: tienes a alguien con quien ejercer de padre o madre, lo que aligera la carga y te proporciona algo con lo que compararte. Y si estás solo con tu hijo, tu responsabilidad a la hora de estar pendiente de estas cuestiones es aún mayor, pues deberás encontrar una voz interior que te guíe para evitar las grandes trampas y repeticiones de los mismos errores.

Haz un alto y ¡piensa!

Invité a Astrid y a su marido a que charláramos. Ella no había dicho gran cosa de lo que le había sucedido con la niña, prefería que nadie lo supiera, pero en la consulta habló de los castigos y de la vergüenza, de todo lo que se había guardado. Y como ninguno de nosotros es una hoja en blanco, pues todos llevamos una historia en nuestro interior, también su marido compartió con ella episodios de su infancia que Astrid desconocía. La vergüenza nos lleva a apartar a los demás, pero durante este encuentro tuvieron la oportunidad de hacer lo contrario: compartir y acercarse el uno al otro. Fue bonito ser testigo de ello.

Trabajar con los propios esquemas quiere decir, en primer lugar, detenerse: debes ser capaz de reconocer que está ocurriendo algo que no te hace sentir bien e intentar moderar la reacción inmediata. Debes preguntarte: «¿Es esta la clase de padre que quiero ser?»; después se trata de reflexionar: «¿Cómo he llegado a ser así? ¿De dónde ha salido esto?»; y luego debes preguntarte cómo podrías solucionar mejor la situación.

A pesar de que tener hijos supone un reto extraordinario para los que arrastramos viejos esquemas, también es una oportunidad fantástica, pues puede ser el principio de algo hermoso, de arreglar las cosas. Educar a tus hijos te puede hacer más inteligente, más feliz y mejor persona, si te atreves y quieres.

En mi consulta, Astrid volvió a hablar del incidente con su hija. «Pero, claro, sencillamente podría haber dicho: "¿*Tanto* te gusta el pastel? Vale, de acuerdo, pero no creo que puedas con tanto de una vez. Sírvete poco a poco".»

Suena sencillo, pero puede resultar difícil cuando te dirigen viejos sentimientos. Recuerda también que los esquemas de comportamiento antiguos son precisamente eso: antiguos. Busca otros nuevos y deja que sean estos los que decidan. Puede ser un trabajo exigente, pero la recompensa es grande, tanto para ti como para el niño.

ENCUENTRA TU PROPIO CAMINO COMO PADRE O MADRE, PASO A PASO

1. Ten presente que los niños en edad preescolar suponen un reto más intenso y diverso. Precisamente por eso aprendemos tanto de ellos: agradécelo.

2. «¿Qué me ha hecho reaccionar así?» Detente y piensa cuando las cosas se hayan ido de las manos demasiado deprisa en casa.

3. «¿Qué me gustaría haber hecho en su lugar?» Busca alternativas. No hace falta que seas perfecto, pero necesitas poder asumir tus actos.

4. ¡Ayudaos! Habla con tu pareja, dialoga, encuentra vuestra manera de hacer las cosas. Recuerda que él o ella también arrastra una historia. Juntos podéis crear una nueva.

La vergüenza y los «malos» padres

Hay aspectos de ser padre que son muy visibles, situaciones en las que parece que todo el mundo te juzga. ¿Tal vez no cumplas con tus propios estándares, ni con los que crees que otros tienen, como padre o madre?

Recuerdo que me avergonzaba de lo mal preparados que estaban los almuerzos que se llevaban mis hijos a la escuela infantil.

Otros padres empleaban ingredientes variados y equilibrados, acompañados de un poco de fruta o un toque de verde, mientras que mis hijos se comían cualquier cosa que habíamos preparado a todo correr cinco minutos antes de salir por la puerta. Además, mi marido carecía de habilidad para detectar lamparones de la cena de la noche anterior en la ropa de los niños, y cuando yo me daba cuenta, ya era demasiado tarde. ¿Qué clase de padres iban a pensar los demás que éramos? Me ardían las mejillas de la vergüenza.

La vergüenza es una sensación abrumadora y pesa como una losa, hace que queramos escondernos, que nos trague la tierra, ser invisibles, y dificulta pensar con claridad, además de que encaja muy mal en la vida familiar. Los niños necesitan padres con los pies en el suelo cuando las cosas se ponen difíciles, no padres que desaparecen.

Y, sin embargo, la vergüenza te vuelve solitario: si le dejas demasiado espacio, bloqueará tu relación con los que tienes más cerca, pues te impide darle al niño lo que más necesita, contacto y cercanía.

Si te invade una oleada de vergüenza, no te dará por coger a la niña de la mano y decirle: «Vámonos a casa, descansamos en el sofá y pasamos un buen rato», sino todo lo contrario: tendrás ganas de coger el móvil, leer un periódico digital, beber vino tinto a solas... Y de esta forma, romperás el contacto en lugar de fortalecer el lazo entre vosotros.

La distancia que te separa de esa espiral en la que, sin darte cuenta, te apartas es muy corta: «No hemos tenido éxito. No tenemos lo que hace falta. No somos buenos padres», te dirás.

Y la solución es siempre lo contrario: si quieres que las cosas te salgan bien en tu papel de padre o madre, debes ser bastante empático contigo mismo. Puesto que flagelarse sirve de bien poco, acepta que no eres perfecto, que, en ocasiones, el resultado puede ser mediocre.

Cuando las cosas no salen como habías previsto y te sientes como una mala madre o padre, debes pensar: «Bueno, sí, así es como ha salido hoy. Tendremos que hacerlo mejor la próxima vez», porque el único antídoto contra la vergüenza es, en realidad, volver a establecer el contacto: coge al niño de la mano, siente que existe un *nosotros*, sonríele a alguien y piensa que la mayor parte de la gente tiene bastante con sus cosas y no está especialmente pendiente de las cuestiones que a ti te preocupan.

A veces es el niño el que nos avergüenza. ¿Tal vez diga algo inapropiado, haga algo temerario, hable demasiado alto o se esconda cuando quisieras que se dejara ver? ¿Tal vez te toque una fibra sensible, algo de lo que tú te avergonzabas de niña, o hace cosas por las que a ti te criticaban? Entonces es cuando necesita esa sonrisa, esa comprensión, esa suavidad que muy probablemente tú no recibiste, y también que te manifiestes, que pienses y muestres que no pasa nada. Los niños llevan mal quedar en evidencia, y los adultos marcamos una diferencia importante cuando somos capaces de afrontarlo con comprensión precisamente en esas situaciones. Es mucho mejor que lo contrario: dejar que nuestra vergüenza empuje al niño hacia las profundidades de la suya.

Últimamente he pensado bastante sobre cómo podemos ser los padres entre nosotros. Una de las primeras cosas que hacemos las personas cuando necesitamos sentirnos mejor es pensar que otros son peores que nosotros, pero solo funciona en el momento, no es un remedio eficaz. Creo que todos deberíamos darnos un poco más de margen los unos a los otros. Si, por ejemplo, otros padres llegan demasiado tarde a un cumpleaños, no quiere decir que sean malos padres. Deberías pensar: «Todos hemos pasado por eso, es mucho lo que hay que organizar para salir por la puerta con dos niños».

A todos nos llega ese día en el que necesitamos que nos traten con comprensión.

Ver a tu madre, ver a tu padre

Al tener hijos, son muchos los que sienten que hay cosas en su infancia que deberían haberse hecho de otra manera, es decir, mejor. Y este sentimiento se manifiesta con fuerza cuando ves a un niño pequeño e indefenso y recuerdas la manera en que te miraban, te hablaban o tocaban cuando eras tú ese niño. Entonces te das cuenta de que tú nunca actuarías así con tu propio hijo. De repente, algunos recuerdos de infancia pueden cambiar de sentido, adquirir otro significado, tal vez hasta lo reconozcas en esos que hoy son abuelos: «Así de distantes eran también conmigo, esa mirada dura y esa manera de juzgar eran las que recibía yo».

Es fácil desesperarse, enfadarse con los propios padres cuando comprendes que quieres transmitir algo distinto a lo que te dieron a ti. Con todo, y puede que esto te suene un poco extraño, para poder transmitir otra cosa a tu propio hijo estás obligado a intentar ver qué fue lo que hizo que tus padres actuasen de aquel modo, que no necesariamente fuera por maldad o locura. Tus padres han tenido su propia infancia, te educaron en otros tiempos, en otras circunstancias, tuvieron sus propios caminos por los que transitar, y lo más probable es que lo hicieran lo mejor que pudieron, fuera cual fuera el resultado.

Estar enfadado con tus padres el resto de tu vida no te ayudará en tu encuentro con tus propios hijos. Puede que tus padres nunca comprendan qué es lo que han hecho, o cómo te afecta, y, aunque no necesitas estar en contacto con ellos constantemente o volver a ser amigos, debes buscar el punto medio que te permita vivir con las cosas tal y como fueron.
El conflicto genera dureza, por lo que si eres capaz de mirar tus propias heridas con actitud conciliadora, te resultará más fácil ofrecer calidez a tu propio hijo.

Sé muy bien, tras tantos años en el ejercicio de mi profesión, que rara vez se producen idílicas reconciliaciones con el pasado en las que todos se comprenden y perdonan. Los humanos somos maestros en racionalizar a posteriori: «Hice todo lo que pude, no había otra opción», y puesto que tus padres han vivido su vida, no es fácil para ellos —ni para nadie— decir: «Ahora veo que debería haber hecho las cosas de otra manera». En el mejor de los casos se puede aspirar a alcanzar un punto en que puedan reconocerlo: «Así fue, y soy capaz de vivir con ello». Lo bueno de esa comprensión es que te permite ocuparte de lo que en verdad importa: tú y tu hijo, la vida que está por llegar. Y ahí puedes mejorar, corregir cosas, hacerlas de otro modo, ofrecerle a tu hijo un punto de partida mejor que el tuyo. ¿Puede haber algo más hermoso?

LA ETAPA DE LAS RABIETAS

Cuando mi segundo hijo cumplió dos años, descubrí un aspecto completamente nuevo de su personalidad, y también del hombre que amo. Deja que te hable primero del niño. Era el más bueno del mundo, sonreía tanto que parecía que la cara se le iba a partir por la mitad, y en la escuela infantil lo adoraban; los otros padres no podían evitar quererlo y en casa era como un soplo de aire fresco. Pero de pronto cambió.

Un día se levantó por la mañana siendo el jefe de la casa: cuando iba a comer, a vestirse o a hacer lo que le decíamos, todo recibía un «¡No quiero!», alto y claro, por respuesta que después había que rebatir y, generalmente tras un buen rato, solucionar. Era como si estuviera dopado con la sensación de poder decidir, por fin, sobre su cuerpecillo, y utilizaba cada uno de sus músculos para demostrar que iba en serio.

Yo había visto eso mismo muchas veces, tanto en mi trabajo como con el hijo que tuve en mi primer matrimonio, así que sabía que era una fase que pasaría y tanto el niño como el resto de la familia, poco a poco, viviríamos sin problema con la fantástica libertad que supone aprender a decir «no». Con todo, hay que reconocer que es una transición muy fuerte la de pasar de un niño al que vistes, alimentas, lees, bañas y acuestas, a encontrarte con uno que te hace saber contundentemente lo que opina de todo. Pero es imprescindible que ocurra, pues, de alguna manera, tenemos que acostumbrarnos a que nuestros hijos pasen de ser bebés a individuos independientes. Y lo dura que sea esa trasnformación depende tanto de los niños como de los adultos.

Mi pareja era padre por primera vez, nunca había pasado por esa experiencia con anterioridad. Para él fue impactante que su encantador bebé pudiera y quisiera protestar por absolutamente todo, y lo intentó solucionar como lo han hecho muchos padres antes que él: oponiéndose con fuerza a su resistencia. Iba a enseñarle al niño quién mandaba, insistía en tener razón, e insistía hasta que la imponía. Y era un pensamiento bastante comprensible, de hecho, hay mucha gente que cree que esa es la solución. No obstante, el resultado fue que tuve que vivir con dos individuos en la edad de las rabietas bajo el mismo techo. A posteriori diré que a uno de los dos no le tocaba.

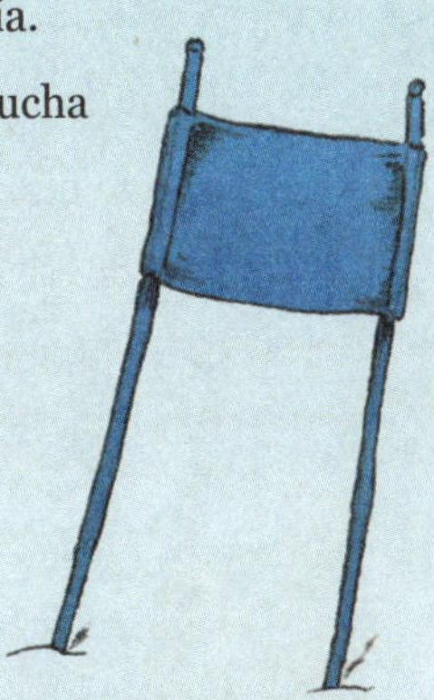

Evita batallar por el poder

Siempre he pensado que la expresión «etapa de las rabietas» no es muy acertada, pues los niños no se oponen por diversión, no son obstinados. Tal vez deberíamos optar por llamarlo algo así como «la edad del choque de expectativas», ya que lo que sucede es que

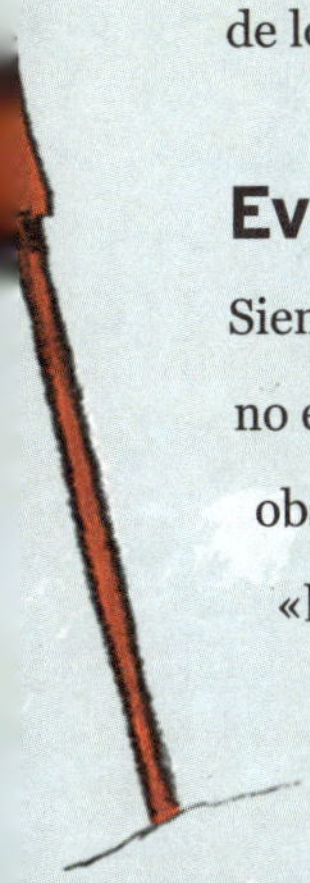

los niños descubren la palabra *no* y les parece completamente mágica. De repente pueden expresar lo que hasta ahora no habían podido decir, y como esto es estupendo y además supernuevo, el niño usará esa palabra, y la usará mucho. Al mismo tiempo, el lenguaje ya está tan evolucionado que el niño está lleno de sueños y expectativas, pero no tanto como para ser capaz de expresarlos. En otras palabras: en su cabeza hay una película con las cosas que espera que pasen, pero esa película solo la ve él; y si el resultado no es el que esperaba se produce la catástrofe, las expectativas se estrellan y la decepción es enorme.

El truco está en no convertir cada situación en una batalla por el poder. Si cada vez que nos vestimos, que vamos a dormir o a lavarnos los dientes o cada comida se convierte en una batalla, solo hay dos resultados posibles: o gana el niño, o ganas tú. Y retar a un niño de tres años es una mala idea. Tal vez estés de visita en casa de tus suegros y ellos opinan que el niño no debe poder hacer lo que quiera y tú te enfrentas para demostrar quién manda. Estarás empezando una batalla que perjudicará, sobre todo, a tu hijo. En vez de eso, tal vez puedas recordarles que eres tú quien decide casi todo lo que tiene importancia en la vida del niño: dónde va, qué come, en qué cama duerme. «Es solo una fase», puedes decir, y dar con una solución válida para todos. Busca que las cosas fluyan y evita los enfrentamientos enconados en los que es fácil que tú, como adulto, abuses de tu poder.

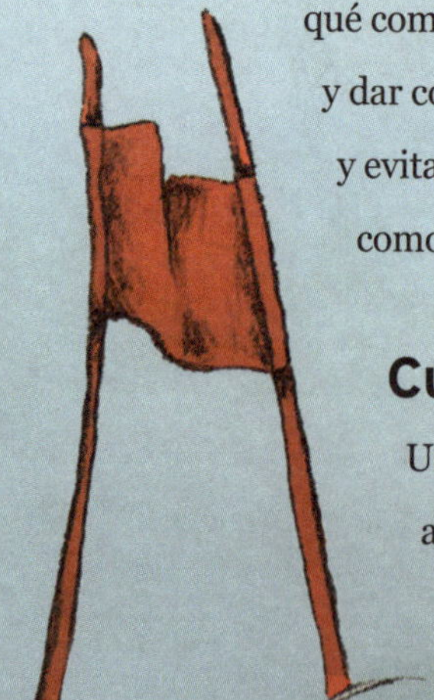

Cuando el niño pierde

Un niño que pierde una y otra vez contra alguien mayor solo aprende que el mundo no es un buen lugar para vivir, que la

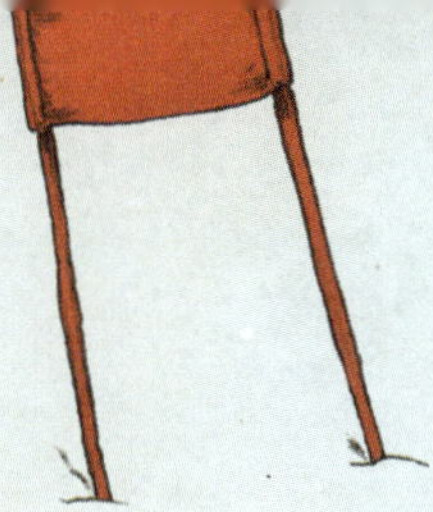

fuerza bruta es lo único que funciona. Si vences a un niño de dos o tres años, estará tan asustado que no querrá conocerse, o será tan terco que no tendrás nada que hacer cuando vaya cumpliendo años, y tú acabrás por no tener ni poder ni autoridad. Recuérdalo: la clave está en la confianza, no en la fuerza y el poder.

Y esa confianza has de ir construyéndola año tras año, de manera que sea firme y plena cuando tu hijo y tú, en el futuro, os tratéis como iguales.

¿Quiere decir esto que debes dejar que el niño «gane», sin más? La respuesta es no, y quizá deberías verlo desde otro punto de vista: no se trata de un juego de mesa en el que uno de los dos esté obligado a ganar, pues tu hijo no necesita aún aprender todas las implacables reglas que rigen en la vida real. Es mejor que lo pienses como una especie de ginkana, donde lo más importante es encontrar un camino estable y seguro para esquivar los obstáculos. Debes intentar encontrar una manera de descender armónicamente por la pendiente, no tropezar en cada piedra que aparezca.

La verdad es que esta batalla por quién decide carece de sentido: tu niño sabe muy bien quién dirige la empresa, y tu misión es ser un buen jefe.

Bendita voluntad

En realidad, las cosas que presencias en esta fase son espléndidas: tu niño aprende a poner límites, adquiere autonomía, y eso es exactamente lo que deseas. Quieres tener un hijo que reconozca el sentimiento de que algo no está bien, que avise de dónde está la línea que no puede cruzar, que pueda decir que «no» a las malas compañías, que un día elija acostarse con la persona adecuada... Es una habilidad clave en la vida y esta fase es importante, pues practicar para decir «sí» y «no» es su inicio.

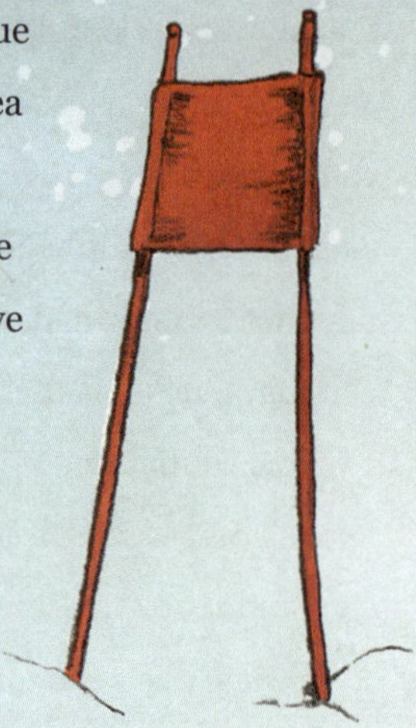

Con todo, no olvides que tu hijo es un principiante. Está muy bien poner límites para el propio cuerpo, mostrar la voluntad que empieza a dibujarse, pero necesita practicar, tiempo y mucho entrenamiento. ¿Con quién ensaya? Pues con el más cercano, quien le da más seguridad: tú.

De ahí que tu trabajo sea permitir que practique con seguridad. No hace falta que tenga siempre la razón. Se empeñará en las cosas más peregrinas, y se equivocará, pero no se trata de algo personal, algo que vaya en tu contra, sino que lo hace lo mejor que puede.

Cuando has estado preparando la cena y el niño se niega a probar las zanahorias, el truco está en pensar: «Bueno, al menos es capaz de decir lo que quiere». Las zanahorias seguirán existiendo el año que viene, no es ninguna tragedia. Debes evitar que todo se convierta en un conflicto y saber en tu interior que pasará.

La mejor medicina para que sigan progresando es hablar con ellos, leerles, ser cariñosos y permanecer a su lado. Cuando el niño se aproxime a los cuatro años, el lenguaje mejorará, serán capaces de comunicar mejor sus pensamientos y sueños, y también aprenderán cuándo resulta útil decir que «no», y cuándo no sirve de nada. Al mismo tiempo comprenderán que otras personas ven las cosas de distinta manera y tienen una opinión diferente a la suya.

Hasta entonces debes ser tú quien guíe al niño y le dé apoyo. Porque esta etapa está repleta de expectativas frustadas.

EL JUEGO ES ESENCIAL

El juego es el recreo de la imaginación, y es lo que le proporciona al niño todo lo que necesita, de donde absorbe lo que precisa para crecer y seguir avanzando. Y el mejor juego es el libre, en el que el niño decide, donde la fantasía y el corazón muestran el camino.

Como padre serás testigo de una evolución maravillosa durante estos cuatro años, pasos adelante en la vida sorprendentes, y el juego es uno de los lugares donde esto se ve con mayor claridad. Pasarás de ser parte imprescindible de ese juego a estar fuera mirando qué ocurre.

Muchos se preocupan por si la niña de dos años en el futuro aprenderá a jugar con autonomía si ahora necesita de la presencia constante de uno de los padres, pero la verdad es que los niños se las apañan bien solos, cuando están listos para ello y se sienten lo bastante seguros. Y esa seguridad la obtienen estando en contacto con sus adultos favoritos. Debes estar pendiente de qué le apetece, qué le gusta investigar, qué es lo que hace que quiera repetir algo, y, así, con los años, irá sucediendo cada vez con más frecuencia por iniciativa propia. Claro que puedes hacer propuestas, pero intenta no imponer tu voluntad, pues entonces ya no sería un juego.

Un niño de dos años seguirá disfrutando al jugar al cucutrás, puede que en versiones más sofisticadas, pero esconderse o taparse con algo sigue siendo de su agrado. Además, una nueva dimensión entra en el juego: los peluches cobran vida. Pueden ponerse de pie en un instante, tienen voz y personalidad, y tanto osos como muñecas y coches serán compañeros de juego interesantes. Participa proporcionando a los peluches sus propias voces y distintas expresiones, lo que ayudará al niño a desarrollar la comprensión del punto de vista y los sentimientos de los demás. Y lo que es igual de importante: es divertido.

Puzles sencillos, construir con piezas grandes y cajas para encajar piezas también resultan perfectos para los niños de esta edad, pero sin duda una de las cosas más importantes será la experiencia de ser útil. Todas las formas de colaboración son bienvenidas: recoger lo que se ha derramado es tan divertido que merece la pena dejarlo caer, y meter las cosas en el friegaplatos contigo puede ser el colmo de la felicidad; las cocinas de juguete y las cajas de herramientas cotizan al alza. La niña quiere mostrarte que puede ser de ayuda, convertirse en algo. ¡Deja que participe en el juego!

El niño de tres años puede empezar a asumir sencillos roles que refuerzan con caracteres y voces moduladas. El de «mamá, papá, hijos» suele ser el primero de estos juegos de rol para la mayoría. Como padre, puede resultar una experiencia esclarecedora ver a tu hija jugar al padre enfadado delante del televisor o a la madre estresada, pues te ofrece una versión certera de cómo te ve el niño y a qué necesita dar salida en el juego. La coordinación y la capacidad para agarrar han mejorado, así que el niño de tres años inicia juegos de construcción más sofisticados, y las piezas pueden ser de menor tamaño. A esta edad también hay niños a los que les gustan los juegos sencillos de insertar perlas o dibujar. Intenta darles la oportunidad de probar distintas cosas, pero no creas que se convertirá en un artista porque le presiones para que dedique horas al dibujo desde ahora, pues la expresión y el juego deben surgir del interior.

El niño de cuatro años asume el control del juego, encuentra lo que le hace falta para que este sea lo mejor posible.
Es ahora cuando asumir distintos papeles se convierte en un universo propio para los niños, y lo llenan de todo aquello que les puede ofrecer su imaginación: jugar a los médicos y ser los personajes favoritos de películas y cuentos no tardará en llegar.
Tu mayor aportación es asegurarte de que tengan tiempo para ello, pero no desistas del todo de ser su compañero de juegos. Está bien que participes de vez en cuando, ponte a su altura, involúcrate, esto reforzará el lazo entre vosotros.

A esta edad también mejora mucho el equilibrio, por lo que se abren nuevas posibilidades para la expansión física: el patinete, escalar, el monopatín... sí, es que ahora ¡todo puede ir tan rápido! Deja que el niño se explaye tanto en su fantasía como en lo físico.

La niña de cinco años piensa que todo es posible. ¡Todo!
El juego fantasioso llega con toda su fuerza y construir un cohete y viajar a Marte antes de comer se convierte en algo normal. Y tras la comida, puede perfectamente ser una princesa en un impresionante castillo en la cumbre de una montaña en Rumanía, para acabar el día como una superheroína que sobrevuela el océano Atlántico. Así pues, a esta edad pueden asumir

alternativamente toda clase de roles, solo la fantasía es el límite, pues lo que buscan y asumen es que todo es posible. El mundo es grande para tu hijo y encontrar su lugar es cuestión de probar. Y puesto que el juego de fantasía sustenta la autoestima y la perseverancia no es, y no debe ser, realista. Así que deja que vuele su imaginación.

Además, esta es la edad en la que se manifiesta el interés por las letras y por formas de expresión artística más avanzadas: dibujo, pintura, enlazar cuentas... todo lo que tenga que ver con formas y colores tiene su lugar en el corazón de una niña de cinco años. Pronto llegará a la edad escolar y los temas serios entrarán en acción, así que deja que ahora se explaye, que juegue, que vuele a planetas desconocidos y que se mude a castillos imaginarios.

Pero...

Puede que estés pensando: «Mi hijo juega de otra manera completamente distinta». Sí, los niños son muy diferentes entre sí: algunos adoran las construcciones y encajar piezas, otros quieren jugar en grupo o asumir roles, y puede haber fases en las que un tipo de juego se imponga a todos los demás. Pero para ti, lo importante no debe ser en qué momento el niño domina cada tipo de juego, sino que sientas curiosidad, estés pendiente de su desarrollo y tengas respeto por su juego.

Si te ocupas de que tenga espacio y tiempo para el juego libre, estarás contribuyendo a asegurar que tu niño sienta seguro y autosuficiente.

4

PONER LÍMITES Y SER CONSECUENTE, PERO FLEXIBLE

En los años de la escuela infantil, el niño está en su etapa más exploradora: «¿Qué pasa si aprieto aquí? ¿Y si tiro esto al suelo? ¿Puedo ponerme de pie en esa mesa?». El pequeño pionero está lleno de necesidades y deseos, y tú estás obligado a encontrar un equilibrio que funcione para toda la familia. En definitiva, por un lado, tu hijo debe poder expandirse, pero, por el otro, si va a decidirlo todo, el hogar no funcionará. Distintas familias tendrán distintas percepciones de dónde está el límite: para unos no es ningún problema que su hijo salte en el sofá, mientras que otros considerarán una crisis que utilice los cojines para construirse una cabaña; no obstante, el niño generalmente se adaptará a la casa a la que llegue. Lo importante es que también debe haber espacio para él, así que si tienes unas sillas caras de diseño, tendrás que aceptar que pierdan parte de su valor, o guardarlas hasta que ya no sea tan interesante pintarlas.

Si amenazas con las consecuencias y pones límites demasiado estrictos y rígidos, será a costa de tu contacto con tu hijo; sin embargo, si no tiene claros los límites (es decir, una idea de lo que puede hacer y lo que no), se sentirá desconcertado y tendrá problemas para relacionarse en el mundo social al que se encamina.

Saber dónde fijar los límites es encontrar un equilibrio que funcione para vosotros.

Hay cosas que están bien y cosas que están mal: el mundo está lleno de límites y consecuencias, y tu labor es mostrárselos al niño en su justa medida.

Autoridad, flexibilidad y lavarse los dientes

Una madre se puso en contacto conmigo para preguntarme qué hacer con su hijo de diez años, que tenía graves problemas para controlar sus sentimientos, en especial la ira: era un mal perdedor, y hasta las mínimas contrariedades en la vida eran para él grandes catástrofes. Hablamos de cómo su madre podía manejar esa situación, pero entonces ella me dijo, casi como un comentario sin más: «Es extraño, porque siempre hemos sido muy consecuentes con nuestros hijos». Le pregunté qué quería decir con eso y me contó que, desde que eran pequeños, los niños habían hecho exactamente lo que los padres les exigían, ni la madre ni el padre habían cedido ni un milímetro, y pensaban que eso era lo mejor que podían enseñar a sus hijos. Hay mucha gente que piensa de este modo.

Durante mucho tiempo se ha creído que este era un factor determinante en la buena educación infantil, porque en teoría se preparaba al niño para salir al mundo real, donde hay claros límites y consecuencias, una existencia llena de cosas que *se deben* hacer, y así el pequeño se fortalecía y se desarrollaba. De esta forma, si el hijo de la pareja del ejemplo, cuando tenía tres años, no se quería lavar los dientes, uno de los padres se quedaba con él en el baño hasta que lo hacía. Y ya podía ponerse hecho una furia, arañar y morder que su madre seguía tranquila y decidida a imponer su voluntad. «Aguantaba y nunca me enfadaba ni empleaba la fuerza. Podíamos estar ahí una hora, pero al final se lavaba los dientes», me explicó. La madre estaba orgullosa de haber sido capaz de hacerlo sin recurrir a la fuerza. Había resistido y vencido, y nadie resultaba dañado, según su punto de vista. Al final, el niño se derrumbaba y hacía lo que tenía que hacer, y, en teoría, el método educativo funcionaba.

No obstante, ¿qué entendemos por «emplear la fuerza»? ¿Qué aprendió el chico en esos incidentes que duraban horas en el baño? Estoy bastante segura de qué *no* aprendió: no aprendió nada sobre su propia valía, ni que sus opiniones tuvieran importancia, ni que sus sentimientos pudieran ser escuchados. Tal vez, en lugar de eso, asumió que mamá es grande, que los adultos no me pueden ayudar, que la única salida es perder. En cualquier caso, estoy convencida de que una hora metido en un baño, llorando, iracundo y desesperado no te enseña absolutamente nada sobre cómo se solucionan los problemas.

Y, a la vez, pienso que hubo algo que hizo que la madre me contara precisamente esa historia siete años después: quizá, ahora, cuando experimentaba que su hijo estaba lleno de rabia, había algo que le hacía pensar que tal vez aquellas victorias no fueran tan importantes.

Los padres han escuchado muchas veces que es vital ser consecuente y coherente con los hijos, pero si no muestras empatía y eres inflexible, puede ser incluso perjudicial.

La mejor manera de contactar con los niños de esta edad es el juego. No hay otra vía. Todo el aprendizaje y toda la enseñanza llegan a través del juego.

Lo primordial es estar seguro y mantener el contacto. Ganarle batallas a un niño no es ningún proyecto que merezca la pena perseguir, y tampoco nada de lo que estar orgulloso, pues como adulto tu ventaja es demasiado grande y, precisamente por eso, potencialmente dañina.

He conocido a muchos padres que creen que si han empezado con algo, deben continuarlo, y es fácil ir demasiado lejos en la dirección equivocada. A veces, las cosas pequeñas se hacen grandes: quieres un niño que sea como los demás, que no se pelee con su hermana, que no se chupe el pulgar y que no desordene, y con esto en mente puedes cometer el error de centrarte en esas pequeñas cosas y, de esta forma, justificar que trates a tu hijo con más dureza de la que deberías. En cierto modo, tu buena intención te puede cegar, y, créeme, hay muchas cosas peores para un niño que chuparse el pulgar algún tiempo de más.

Por supuesto que esto no quiere decir que los niños siempre tengan razón, o que debas consentir que hagan siempre lo que quieran; son pequeños, no saben qué es lo que les conviene, y eres tú quien debe conservar el control, quien de vez en cuando debe decir: «Bien, pero ahora lo haremos de este modo. Entiendo muy bien que no quieras, pero ahora mismo es lo mejor que podemos hacer». Tu misión es orientar sin dañar el lazo entre el niño y tú, y ayudarle a avanzar en la vida y con las elecciones que toman. Si lavarse los dientes es un problema, juega y haz un poco el tonto con el asunto, pon un vídeo mientras lo hacéis, compra una pasta de dientes nueva que le resulte atractiva, intenta encontrar un método que funcione para tu hijo y para ti.
Si una noche resulta totalmente imposible lavarse los dientes, vuelve a intentarlo al día siguiente cuando el niño no esté tan cansado.
No es el fin del mundo si justo esa noche no se los lava.

Recuerda que educar a un niño es un proyecto a largo plazo. Como padre no serás juzgado por cada partido que juegues, sino por el resultado final.

Cómo aprende tu hijo

A todos los que me preguntan cómo pueden establecer un diálogo con un niño en edad preescolar, les respondo: «Tienes que ponerte a la altura de tu hijo». Y eso quiere decir que debes ver el mundo desde su punto de vista, compartir sus experiencias y su manera de vivir las cosas. El niño aprenderá cuando *estés con él*, no cuando solo quieras darle lecciones, pues el aprendizaje se da cuando muestras tus conocimientos en el momento en el que tu hijo los necesita. Si le das órdenes a un niño de cuatro años diciéndole: «¡Tienes que hacerlo así!», pensará: «Pues, en realidad no, hay otras maneras».

No le resulta interesante que sepas todas las respuestas, y si le dices que las sabes «porque soy mayor», no entenderá a qué te refieres. El aprendizaje no está en eso, y un dedo acusador nunca te dará el resultado que persigues. El aprendizaje se produce cuando ven que funciona, cuando puedes ir con ellos, estar con ellos en lo que necesitan aprender, juntos.

Por ejemplo, cuando un niño de tres años se empeña en ayudarte a limpiar las ventanas y el agua corre por todas partes porque no escurre el trapo, puedes decir: «¡Déjalo ya! ¡No se hace así!», o puedes probar a decir: «¡Oh, qué bien que estés limpiando! Yo suelo escurrir el trapo antes porque así me queda mejor. Mira, se hace así. ¿Crees que sabrás hacerlo?».

Tu reto es encontrar maneras de orientar a tu hijo que pueda asimilar.

A los niños de esta edad les lleva mucho tiempo aprender lo que son las consecuencias, lo que suponen. Así pues, no te rindas cuando le estés explicando por enésima vez que se mojará los pies si los mete en un charco (además, secar ropa y otras cuestiones prácticas son propias de estos años). A los niños les cuesta controlar sus impulsos: si algo parece divertido, lo harán, y no tiene nada que ver contigo. Mejor te tomas un café mientras se secan los zapatos.

Disciplinar

Exactamente igual que el ejemplo anterior de la madre que obligaba a su hijo a lavarse los dientes, creo que muchos padres están desconcertados por la idea de que conviene enseñar disciplina a los niños, que tienen que «aprender a comportarse», y que lo harán cediendo.

La palabra *disciplina* procede del griego y significa «guiar». Sin embargo, en la actualidad, la mayoría ha olvidado el origen del término y le ha conferido un sentido más «militar». Creo que sería una gran idea recuperarlo, al menos cuando nos referimos a cómo tratar con nuestros hijos. Disciplinar a un niño es mostrarle el camino y corregirle, caminar con él, no castigar o regañar.

Tu hijo está pendiente de ti todo el tiempo, también cuando no interactúa contigo: te mira cuando le acaricias el cabello a tu pareja, cuando sacas la basura, cuando le hablas al televisor, cuando las cosas te van bien y cuando te encuentras con dificultades. Aprende de todo lo que haces, todo el tiempo, todos esos pequeños e invisibles actos que conforman nuestras vidas.

Educar no es dejar las cosas claras gritando: «¡Alto! ¡Aquí está el límite!»; sino que la educación lo es *todo*. Durante más o menos veinte años, tu hijo estará pendiente de lo que haces, de cómo te ríes, cómo amas, cómo perdonas, qué respetas, qué te da miedo, dónde crees que están los límites.

Por eso insisto en contar que los límites no tratan de cómo «encerrar» a tu hijo. En su lugar debéis procurar descubrir juntos las características del terreno, dónde convendría poner vallas, siempre contigo como orientador y responsable último.

NO EDUCAS CUANDO REGAÑAS AL NIÑO QUE HA REBASADO ALGÚN LÍMITE, EDUCAS TODO EL TIEMPO.

¿Cuándo puedo empezar a regañar?

No hace mucho di una charla en una de las escuelas infantiles más grandes de Oslo. Al acabar, uno de los padres se acercó a mí y me contó que había leído mis libros. Le preocupaba poner límites y esperar a que el niño fuera lo bastante mayor como para comprenderlo: «Pero ahora que mi hijo va a cumplir cinco años, debería empezar a comprender lo que quiero decir —me dijo, y luego me preguntó con una media sonrisa—: ¿Cuándo opinas tú que puedo empezar a decir "ya vale", cuándo puedo empezar a regañar un poco?». Le contesté que todo aquello que el niño no puede asimilar resulta inútil, por lo que regañar es un método poco eficaz para enseñar: el niño se asusta y se bloquea. No obstante, sí sucede algo durante esta etapa con la comprensión de las consecuencias y los límites: hay una diferencia en lo que puedes esperar de un niño de dos años y de uno de seis, y también es importante recordar que, en cualquier caso, estamos hablando de niños pequeños. Los padres tienen tendencia a sobrevalorar a sus hijos; es fácil que piensen: «Ya debería comprender esto». Sin embargo, el niño es solo un niño, un principiante con un cerebro que no ha terminado de desarrollarse. Poco a poco irá comprendiendo cada vez más quién eres, en qué mundo vive, entenderá mejor los límites que hay, y comprenderá que las cosas que hace tienen consecuencias. En cualquier caso, lo más importante es que tú entiendas que se trata de un largo viaje que acaba de comenzar, que tus expectativas son limitadas, que habrá muchos pasos en falso, muchas lágrimas, muchas cosas que pueden parecer ilógicas, pero así es la vida y así es como los niños aprenden.

EL NIÑO DE DOS AÑOS: Tú pones los límites y explicas las cosas mientras se las muestras, pero, por ejemplo, sigues teniendo una valla de seguridad en la escalera para que no se haga daño, pues todavía no ha desarrollado ninguna noción de las consecuencias de sus actos.

EL NIÑO DE TRES AÑOS: Tú pones los límites y le explicas al niño qué esperas que haga: los coches son peligrosos, por eso hay que pararse al llegar a una carretera. Descríbele cómo funcionan las cosas en la vida mientras lo veis o leéis sobre ello juntos.

EL NIÑO DE CUATRO AÑOS: Cuando hace cosas que están mal o son peligrosas, deberás decirle: «¡Para! ¡Eso puede ser peligroso!» o «No hagas eso, será un lío». Y después arreglas el lío si hace falta. Los mensajes breves y sencillos surten efecto, al contrario de los largos y detallados.

EL NIÑO DE CINCO AÑOS: Ahora puedes explicar normas más complejas, transmitir informaciones más largas. Pero es importante tener en cuenta que sigue siendo muy impulsivo y puede saltarse las normas sin que eso quiera decir que sea especialmente difícil o esté en peligro. Tomar conciencia de las consecuencias de lo que se hace y controlar los impulsos le llevará, como mínimo, otros quince años.

¿Cómo evitar que el niño sea un consentido?

Hay preguntas que se repiten una y otra vez en todas las charlas que doy, y una de ellas trata de cómo evitar consentir a los hijos. Es una buena pregunta. Pero ¿qué es ser un consentido? ¿Cuándo es demasiado? Yo diría que cuando te dan algo que pides, aunque no te hace falta y no te conviene. Los niños de esta edad no tienen noción de cuáles son sus necesidades ni qué les conviene, pero piden muchas cosas, generalmente más de lo que necesitan.

En otras palabras: es evidente que tú, como adulto, debes asumir la tarea de valorar qué le conviene a tu hijo, eres responsable de su día a día y de cómo lo valore él. ¿Cuándo es demasiado? No es fácil para mí decirte exactamente dónde has de poner el límite, pues dependerá de cada familia y cada cultura, pero no deja de ser tu responsabilidad saberlo.

Eso quiere decir que debes aguantar el tirón en el momento en el que resulte pesado. Por ejemplo, cuando tenéis que ir a la escuela infantil por las mañanas y tu hijo quiere quedarse un poco más en casa porque está muy a gusto, es responsabilidad tuya organizar la jornada. Debes intentar hacerlo lo mejor que puedas, aunque el niño no tenga ganas: «Entiendo que quieras quedarte aquí sentado otro ratito, pero no puede ser. Yo tengo que ir a trabajar, y tú, a la escuela infantil. ¿Quieres enseñarme qué zapatos te vas a poner hoy?». O cuando tu hija no ha cenado pero grita que quiere más helado, tu labor es decir: «Está muy rico, pero tendremos que comer comida de verdad». Un niño de tres años no sabe que probablemente tendrá náuseas si se indigesta; *tú* sí.

Mientras escribo estas líneas, me doy cuenta de que esta semana mis hijos han tenido casi todo lo que me han pedido, pues estoy agotada porque mi agenda está repleta y, en consecuencia, he sido una madre y una pareja bastante mediocre. Cuando estás cansado es muy difícil reunir las fuerzas necesarias para decir que no a los niños. Sin embargo, se trata de un problema con una solución bastante evidente: a ningún niño le beneficia que su padre y su madre estén agotados, pues si estás sin fuerzas, no entrarás en ningún conflicto, y eso no es una estrategia sostenible para educar a medio o largo plazo.

Si tienes la suerte de educar a un niño, estás obligado a cuidar de ti mismo y de tu vida: cuánto trabajes, lo que comes y bebes, cuánto duermes... todo influye directamente en la clase de padre que eres. Por eso, debes tener las fuerzas precisas para decir que no cuando la situación lo exija. Si no puedes un día o una semana, no pasa nada, pero a la larga no es viable.

Una buena educación infantil también depende de estar bien con uno mismo.

¿Es importante perseverar en el «no»?

Cuando sea del todo correcto, debes mantenerte firme en lo dicho; por ejemplo: es imprescindible que salgáis de casa, no podéis comer solo helados, tenéis que iros a dormir más o menos a la hora correcta por la noche. La misión fundamental de los adultos es mantener el ritmo y que el día a día fluya. Si el niño insiste todo el tiempo en ver solo un episodio más de *Sam el bombero*, llegará un momento en el que tendrás que decir que no.

Sin embargo, si tienes la sensación de que debes decir que «no» porque llevas mucho tiempo sin decirlo, esa no es una buena razón. Algunos padres en algún momento empiezan a pensar que ha llegado el momento de poner algunos límites, y deciden que, de pronto, deben decir que «no», por ejemplo, a tomarse un helado después de comer. No obstante, si te parece que no hay problema en que tome un poco de helado, no hay motivo para prohibirlo. Puedes tener cuidado de que no coma demasiados dulces a lo largo del día, y así podréis disfrutar de un poco de helado después de cenar.

Utiliza el «no» cuando tenga una función y cuando sea realmente y necesario, no solo por decirlo. Si quieres que en la vida del niño rija la sinceridad, no puedes educarlo según un método que no se ajuste a la verdad. Si, por ejemplo, alabas a tu hijo cinco veces antes de criticarlo porque has leído en alguna parte que resulta útil, no es una manera verdadera y sincera de conectar con el niño. Debes alabar y criticar cuando lo pienses de verdad, en situaciones en las que sea apropiado.

Si no le corrijo, creerá que está bien

Un amigo me contó que su hijo de cuatro años había pintado en las paredes de su casa y su reacción había sido demasiado contundente: le gritó y le apartó de la pared a tirones. Si bien era consciente de que tal vez había sido algo brusco, lo justificó diciendo: «Si no se lo hubiera dejado claro, pensaría que puede hacerlo». Muchos padres piensan igual, pero es una tesis errónea, pues los niños dejarán de pintar en la pared aunque tú no reacciones con gran contundencia. No hay ningún chaval de veinte años que se dedique a pintar en las paredes de su casa porque sus padres no le regañaron cuando eran pequeños.

Los niños de entre dos y seis años harán muchas cosas que no son muy buena idea: pintarán, mancharán y romperán cosas y, que yo recuerde, puede que impregnen el suelo con crema solar. No está bien que pinten la pared, pero lo esencial es que tú eres el responsable, tú decides. ¿Cómo emplear tu poder? Cuando tu hijo haya dibujado en la pared puedes decirle: «Vale. Has hecho un dibujo en la pared, eso no vale. No nos quedará muy agradable la casa si pintas en las paredes. Mira, mejor dibujas en una hoja y luego la colgamos en la pared». Lo importante es dejar claro que tú asumes la responsabilidad, que sirves de guía mostrando qué es aceptable y cómo funciona la sociedad, no enfadándote, siendo brusco y gritón para luego ir a buscar la esponja más grande del armario. Como ya he dicho: regañar surtirá efecto en el momento, pero estropeará las cosas entre vosotros a largo plazo.

El niño se beneficia de saber que eres una guía estable, que conservas la calma, que eres la que sabe cómo funciona el mundo.

Amenazas vacías

Deseamos intensamente que los niños nos hagan caso —y, en especial cuando se portan mal—, tanto que decimos cosas que, evidentemente, no cuadran con la realidad. Hace poco, al volver de un concierto, pasamos por McDonald's. A nuestro lado había un padre con dos niñas de unos tres y cinco años. Entraron felices, habían jugado y estaban cansadas, pero alegres y hambrientas. Después de pedir la comida se sentaron a esperar a que la trajeran y las niñas empezaron a jugar con los globos que te dan allí; era fácil ver que acabarían discutiendo y llorando. El padre se desesperó ante el comportamiento de sus hijas y dijo muy serio: «Si os comportáis así, tendremos que irnos». La mayor preguntó enseguida qué iban a hacer con la comida y el padre contestó que habría que tirarla. «No podemos salir a comer fuera si vosotras os pegáis con los globos», dijo, y en su frustración añadió: «Si seguís así, no saldremos a comer fuera nunca más. ¡No os merecéis la comida!» La pequeña no entendió gran cosa de lo que estaba ocurriendo, pero la mayor parecía estar confusa y triste cuando se volvió hacia su hermana para seguir jugando: comprendió que no había nada que hablar con papá. Afortunadamente les trajeron la comida poco después y, cuando la acabaron, las niñas se portaron tan bien la una con la otra que daba gusto verlas.

Lo que quiero decir es que cuando los niños tienen hambre no se comportarán mejor porque los amenaces con que no van comer, regañarles no funciona. Y como padre, debes ser capaz de ver cuál es el problema. En este caso, las niñas no se estaban comportando especialmente mal, solo tenían hambre. Si lo entiendes, puedes intentar con los medios a tu alcance que pase el tiempo hasta que traigan la comida; por ejemplo, podéis salir a ver los coches del aparcamiento, echar una carrera o cualquier cosa que sirva para distraer a los peques hasta que, por fin, la comida esté en la mesa y el problema solucionado.

EL SONIDO DEL JUEGO

A veces surgen burbujas de sonido desde el suelo hasta la superficie, pequeñas señales sonoras que emergen del mundo de los niños y ascienden hasta el nuestro. Y creo que no hay sonido en el mundo que me guste más. Si salgo de viaje, me encanta que la habitación del hotel dé a una escuela infantil o al patio de un colegio, para poder escuchar el ruido del juego por la ventana, pues me llena de recuerdos cálidos y acogedores, me da calma y fe en el futuro. En todos los idiomas, en todos los países, el niño que juega es igual en todas partes.

En la edad preescolar, los niños hablan consigo mismos cuando juegan. Mi hijo mayor era de los que hablaban mucho; ya fuera con las piezas de construcción, dibujando o preparando sus muñecos de superhéroes para la batalla, hablaba de lo que estaba ocurriendo. Y yo ya sabía, allí sentada en el suelo de nuestro apartamento, cuánto iba a echar de menos estar a su lado, dejar que el juego formara parte de lo que pasaba en la habitación, dejar que se mezclara con lo que yo hacía.

Pasa algo bonito con todos los niños cuando juegan. Jugar es seguir una voz interior. ¿Puede que sea por eso que su sonido es tan hermoso? Si hay algo que debamos desearles a nuestros hijos es ese contacto con la voz interior. Cuando escuchas el sonido del juego es que todo va bien. Solo tienes que disfrutarlo mientras puedas.

DEBES APRENDER A COMPARTIR

En general, los adultos hemos aprendido los códigos sobre cómo debemos comportarnos los unos con los otros: sabemos lo que se considera admirable y lo qué no está muy bien visto. Tal vez por eso no es extraño que nos avergoncemos cuando nuestros hijos rompen esos pactos, y es natural que deseemos que ellos también comprendan cuanto antes cómo deben comportarse. Sin embargo, cuando desmontan algo, trastean con la comida o hablan cuando todo el mundo debería estar en silencio, no están incumpliendo un contrato, sino que todavía no tienen la posibilidad de comprenderlo.

«Tienes que aprender a compartir», pueden decir los padres de un niño de dos años cuando le ha quitado algo a su compañero de juegos, y entonces le enseñan cómo se comparte. Es comprensible que lo hagan, pero en realidad es inútil, pues a esa edad el niño no comprende lo que es compartir, por lo que las situaciones de este tipo deben resolverse de otra manera: consuela al niño que llora porque se ha quedado sin juguete iniciando otro juego o buscándole otro juguete.

Cuando el niño se acerca a los tres años, puedes introducir con cuidado el concepto de «compartir»: «Ahora Alma estaba jugando con el coche. Tienes que devolvérselo y esperar a que sea tu turno», puedes decirle, pero tienes que hacerlo sin juzgar ni regañar, pues a esta edad no se trata de una cuestión moral, solo es una situación que surge y que puedes ayudarle a solucionar. Poco a poco, cuando el niño haya aprendido a mirar a su alrededor, a los tres o cuatro años, es posible mostrarle lo que ocurre cuando le quitas algo a alguien: «Mira, Alma se ha puesto triste porque ella tenía el coche. A lo mejor deberías devolvérselo y esperar a que sea tu turno».

Un niño de cuatro años empieza a entender un poco más lo que se siente estando en tu lugar, no solo en el suyo. Para uno de cinco o seis, será conveniente participar en grupos en los que tenga que esperar su turno de manera natural, como por ejemplo en un entrenamiento deportivo o en una familia con más hermanos. «No nos queda mucho refresco y somos tres. ¿Cómo lo solucionamos?» El niño ha desarrollado la noción de las cantidades, empieza poco a poco a adaptarse a la sociedad de la que forma parte, y, así, avanza paso, a paso.

La verdad es que aprenderá a compartir, si tú lo haces, por lo que la mejor manera que tienes de ayudarle es siendo alguien que comparte: si, por ejemplo, te dan algo rico o bonito, puedes preguntarle al niño si también quiere. Si compartir es natural en vuestra casa, el niño lo absorberá.

Por otro lado, en estos años tendrás que relajarte un poco en relación con lo que consideras de buena educación, pues tus hijos lo aprenderán cuando estén listos para ello. Mientras tanto, se trata de guiar condenando lo menos posible.

CUIDAR LA RELACIÓN

Aquí, en mi consulta, he escuchado la misma historia una y otra vez: el amor se esfuma, se escurre entre los dedos de forma casi imperceptible y un día se ha transformado en otra cosa. Durante los años de la escuela infantil, la relación de pareja se pone verdaderamente a prueba. Estar con alguien puede implicar que siempre tengas que luchar por proteger el amor, pero diría que pocas veces es tan complicado como durante esta etapa, pues es cuando no tienes tiempo y todo debería ir sobre ruedas aunque no es así.

Cuando, por ejemplo, tu hijo grita por la mañana porque no encuentra la chaqueta que quiere ponerse, tú tienes que llegar a una reunión y tu pareja se irrita y te dice que no manejas bien la situación, es difícil mostrar la mejor faceta de uno mismo. Tal vez tú mismo te molestes y digas algo que haga que tu pareja se sienta traicionada, y empieza ese baile tan triste sin que nadie sea capaz de apagar la música.

La verdad es que tendréis menos tiempo en el día a día, se notarán mucho las diferencias en vuestras vidas pasadas, infancias e ideas sobre lo que debe ser un padre o una madre. Cuando el niño empieza a poner límites y quiere hacer las cosas a su manera, los retos son muy distintos a los que plantea un bebé. Y de repente las parejas se ven en mi consulta contándome un incidente en el que la madre se ha enfadado con el niño, mientras que el padre opina que debería haber actuado con más decisión; este ha decidido hacerse cargo de la situación, pero la madre opina que ha sido demasiado estricto, y así van cada uno por su lado. Y de esta forma llevan consigo durante toda la jornada ese mal principio de la mañana, y se enfadan el uno con el otro el resto del día. Ella se va a trabajar pensando: «¿Cómo va a aprender nada si él se pone así? Solo empeora las cosas»; él está en su oficina diciéndose: «Así se comporta conmigo también, nunca dice lo que quiere de verdad, solo se pone de mal humor, y ahora está exponiendo a nuestra hija a la misma situación».

Es fácil perderse cada uno en una dirección. Por eso es más importante que nunca que mantengas el contacto con tu pareja.

Yo lo hago todo

Uno de los retos más frecuentes en la relación trata del equilibrio: uno de vosotros, con frecuencia la madre, siempre prepara el almuerzo para llevar, lava la ropa y sabe dónde están las cosas; es ella la que se queda en casa cuando el niño está enfermo, que recuerda que van a salir de paseo en la escuela infantil, que compra la ropa de abrigo adecuada, antes de que llegue el frío... Y cuando él lo intenta ella dice que lo hace mal: «No puedes meter *eso* en el túper de la comida», y él se siente pequeño e inútil y piensa que lo único que puede hacer es trabajar y ganar dinero. Esos pensamientos crean distancias aún mayores, y un día ella empieza a sentir que no puede contar con él, que en realidad se apañaría igual si no estuviera, mientras que él piensa que ella no le valora, que no le quiere, que debería estar con alguien a quien de verdad le gustara.

Esas son historias bien conocidas para la gente que trabaja en mi área. Es fácil acabar en esa senda: poco a poco y de manera casi imperceptible os aleja al uno del otro y, antes de que te hayas dado cuenta de lo que en verdad está pasando, el camino de vuelta de repente se ha hecho muy largo.

¿Cuál es la solución? En gran medida es algo tan fácil como dejar espacio al otro. Él tiene que ser capaz de resultar útil y ella debe ver que lo que hace, en efecto, es útil: hay muchas maneras de doblar la ropa, preparar el almuerzo para llevar, lavarse los dientes, jugar, llevar o recoger al niño en la escuela infantil, y a este le viene bien que no se haga todo siempre de la misma manera, pues necesita ver que se pueden solucionar las cosas de más de un modo: está bien que, por ejemplo, el sándwich no esté perfecto todos los días, así el que está mejor sabe más rico todavía.

Lo más importante que puedes mostrarle a tu hijo en ningún caso trata de cómo se ha doblado la ropa, sino de que mamá y papá manejan el día a día aun con estrés y retos imprevistos de una manera que funciona y juntos.

Los padres no tienen por qué estar de acuerdo en todo siempre. A todos los niños les viene bien ver que hay distintas maneras de hacer las cosas. Pero, aunque no estéis de acuerdo en todo, debéis intentar ayudaros el uno al otro.

Una parte importante de la solución para estas parejas es hacerles comprender que las diferencias entre ellos en realidad contribuyen a mejorar la educación de los hijos. Así, es una ventaja, no una debilidad, que no seáis idénticos ni hagáis todo del mismo modo, pero es imprescindible que lo comprendáis y empaticéis con el otro, para que no os amargue el día a día.

Es fácil fijarse en lo que está sin hacer, irritarse por el cuadro que él debería haber colgado, el banco que había que barnizar, las botas que había prometido comprar... Intenta fijarte en lo que sí hace el otro, no en lo que te parezca que él o ella deberían haber hecho. Hay muchas pequeñas cosas que realizar en una casa que exigen esfuerzo y muchos no se dan cuenta de todo lo que hacía su pareja hasta que han tomado caminos separados. Sin duda es mejor darse cuenta en este mismo momento, ahora.

Es un recordatorio importante tener presente que al niño le benefician las diferencias entre vosotros, pues lo que tu hijo aprende es que hay más de una manera de llegar a la meta, que se puede probar y fallar, y eso le ayuda a atreverse a hacer las cosas a su modo.

No todo tiene que ser perfecto, no hay una sola forma de vivir. Las diferencias entre vosotros despertarán la curiosidad del niño por encontrar su propio camino, y eso es una buena noticia.

Veros

No nos cuesta mucho ponernos a la defensiva, irritarnos, pero comprender a alguien es una labor minuciosa, y tener hijos es exigente. Tu pareja necesita que frenes, que no vayas directo a juzgar, que pienses: «Seguro que hay una razón para que las cosas hayan sido así en este preciso momento». Tal vez seas capaz de, en lugar de reaccionar con furia, esbozar esa sonrisa comprensiva que diga: «Ah, sí. Sé cómo te sientes, ¡a mí también me pasa!».

En cierto modo es trabajo tuyo, durante estos años, revisar el montón de tareas cotidianas y fuentes de irritación, escarbar entre los sándwiches olvidados, ropa manchada y platos sucios y encontrar el camino de vuelta a las cosas que hacen que tu pareja y tú estéis bien juntos.

Es fácil en el momento más desfavorecedor atribuirle al otro malas intenciones y reaccionar irracionalmente. Y, sí, puede ser un reto mirar al otro con amor en esas situaciones pues a veces resulta complicado ser quien intenta comprender, pero solo esto os salvará, os mantendrá unidos y os ayudará a construir lo que os sostenga a todos.

Recuerda que venís de un lugar bonito: una vez te enamoraste de tu pareja, viste algo en ella, le cogiste la mano con timidez, os reísteis juntos por primera vez. Recuerda qué fue lo que os hizo uniros y piensa que existe un camino de vuelta a ese momento. Y este camino comienza con que os «veáis» el uno al otro, con que os atreváis a hacer lo que sea necesario. Pregúntale con sinceridad: «¿Cómo estás?»; dile: «Te he echado de menos», «Perdóname» o, sencillamente: «¿Te preparo un té?». Parece poca cosa, pero en realidad hay algo grande en todas esas palabras que nos lleva en dirección al amor.

El sexo y esas cosas

Tu vida es una mezcla extraña de cestas para la ropa sucia llenas hasta los topes, narices mocosas, canciones infantiles irritantes que hay que escuchar una y otra vez, pañales que cambiar, sábanas mojadas y juguetes con los que tropezar. Sí, el día a día también está repleto de cosas extrañamente bonitas, pero la mayor parte del tiempo se trata de hacer que la logística cuadre, por lo que la intimidad, el amor y las pequeñas conversaciones entre tu pareja y tú están condenadas a acabar relegadas al final de las listas de cosas que hacer.

Durante la etapa preescolar, son muchas las parejas que sienten que su amor se marchita: el niño está ahí, el amor ya ha dado sus frutos, literalmente. Muchas rupturas se inician de este modo: poco a poco empezáis a distanciaros, y puede que no os deis cuenta de lo que está pasando hasta que parece que la solución evidente es que no sigáis juntos.

Aquí está la clave: lo que más necesita el niño no es que la logística esté organizada, que freguéis los platos, lavéis la ropa sucia o quitéis de en medio los juguetes tirados por el salón; lo que de verdad necesita es ver que os entendéis, que os pasáis una mano por el brazo, que intercambiáis una mirada que clama: «Nos gustamos». Eso le proporciona una sensación de seguridad y calidez, de estar pisando tierra firme. Tus hijos crecerán sin problema en un salón algo desordenado y polvoriento en el que hay amor, pero no entre el frío y la enemistad.

¿Cómo tener tiempo para la intimidad si el caos consume tanto? Probablemente no sea el sexo lo primero que se te viene a la cabeza cuando acabas de acostar a los niños y te has quedado dormido en el suelo junto a la cama infantil. Tal vez hubo un tiempo en el que estabas deseando que llegara el momento de practicar sexo, te arreglabas para ello, y ahora tienes suerte si pasa media hora antes de que oigas pasitos de niño camino de vuestro dormitorio.

Creo que es importante comprender lo que es el sexo. En una convivencia de muchos años, es, sobre todo, comunicación. Es así como le muestras a tu pareja que él o ella son especiales: «Me das algo que no me da nadie más, quiero tenerte cerca», y esa sensación de exclusividad es tan significativa que merece un pequeño esfuerzo. No obstante, solo se producirá si el resto de la comunicación más o menos tiene su lugar.

MIRA A TU PAREJA CON AMOR. SI OS ACEPTÁIS Y ESTÁIS CERCA EL UNO DEL OTRO, LLENARÉIS AL NIÑO DE TRANQUILIDAD.

Intenta escuchar lo que dice tu pareja, qué es lo importante en su vida, para qué necesita ayuda. Mantén viva la conversación entre vosotros, aunque solo sean unos minutos al día. Y ayudaros: si él se irrita porque hay una bombilla fundida, ayúdale a cambiarla; si ella nunca tiene tiempo de lavar el coche, hazlo por ella. Ayudarse es corresponder y, curiosamente, es la base del sexo.

Y también debes saber que la vida sexual va por etapas: enfermedades, problemas en el trabajo, reformas en casa o dificultades de algún tipo afectan en las reservas de energía, lo que no quiere decir que hayan desaparecido para siempre, sino que debéis estar abiertos a ello cuando, entre medias, se puedan recuperar.

Los años de la escuela infantil son muy exigentes, pero tarde o temprano vuestra vida volverá a calmarse. Muchas de las parejas con las que hablo con uno o varios hijos de esa edad tienen experiencias bastante similares: «¡Es que él insiste todo el rato! No puedo ni darle un abrazo sin que luego se sienta decepcionado porque no hay más», dice ella. A los hombres se les suele dar mejor mantener vivo el deseo, con buena ayuda de la biología, eso sí. No obstante, si acaban en una situación en la que se sienten permanentemente rechazados, es normal que no se vean sexis. «Todo el mundo quiere algo de mi cuerpo, los niños desean cariño, el más pequeño todavía quiere tomar el pecho y estoy muerta de sueño. ¿Y ¡él quiere sexo!?», me explica ella, mientras él, sentado a su lado, se encoge en la silla, reducido a ser alguien que solo exige y nunca recibe bastante, cuando todo lo que desea es intimidad y una pequeña pausa en el caos de la vida en la que están inmersos. Con mucha frecuencia se hablan sin entenderse, se distancian.

Para que el sexo funcione, debes «ver» al otro. No es una necesidad que haya que cubrir, sino una comunicación que compartir, y dejar espacio a esa comunicación quiere decir que tienes que bajar el umbral y favorecer que suceda. El sexo de diario no es sinónimo de tener sexo todos los días, sino de dejar que suceda cuando sea posible, y, para tener una posibilidad, él deberá dejar que ella duerma antes, no después. Y ella no tiene que preocuparse tanto de cómo deberían ser las cosas, sino de lo que es posible cuando se tienen niños pequeños en casa. Solo así podrán llegar el uno al otro.

«¿Qué pasa si entran los niños y nos ven?» Bueno, eso ha ocurrido siempre. Los niños pequeños entienden poco de lo que está ocurriendo, así que, si fijáis rápidamente vuestra atención en él y salváis la situación como mejor podáis, no pasa nada. Es mucho más perjudicial para vuestro hijo que os vayáis distanciando que un momento caótico y algo incómodo.

CINCO CONSEJOS PARA SALVAR EL DESEO DURANTE ESTOS AÑOS

1. Mantened vivo el interés mutuo. Charlad sobre cómo ha sido vuestro día, qué planes tenéis para mañana, escuchaos, miraos el uno al otro en esos ratitos.

2. Conservad el contacto físico. Daos un abrazo, poned una mano sobre la del otro, no hace falta que lleve a nada más, tiene valor por sí mismo.

3. Sed de ayuda el uno para el otro. Demostraos con lo que hacéis que queréis lo mejor para el otro.

4. El sexo durante la etapa preescolar suele producirse en encuentros rápidos. Los ratos largos y planificados ya volverán más adelante. Ahora tenéis que aprovechar los pocos minutos que se presenten.

5. Planificad y buscad un canguro: una noche sin los niños puede hacer milagros.

Canguro

Una de las mejores cosas que puedes darle a tu hijo es un buen canguro. Los niños pequeños se sienten muy mayores cuando quedan a cargo de un canguro en casa, pues se crea otro ambiente, unas reglas un poco distintas y por una noche puede que tengan permiso para hacer cosas algo diferentes de las habituales. Es una buena manera de mostrarle que hay otros adultos con los que puede sentirse seguro, y es algo que necesita aprender.

Se suele olvidar que: cuando los padres buscan un canguro y hacen otras cosas, los niños ven que mamá y papá se eligen el uno al otro, y eso les encanta, pues entienden de manera completamente intuitiva que es algo bueno. El niño aprende que en su casa hay amor. Y si hay algo que haga el amor, eso es generar seguridad.

Celos

Es curioso lo rápido que adaptamos esquemas, lo poco que tardamos en cometer errores que otros han cometido miles de veces antes que nosotros, lo falibles que somos los humanos. En el sofá de mi consulta oigo cómo ella habla de que se siente menos interesante que cualquier otra mujer, y veo que lo soluciona haciendo cosas que le quitarían las ganas a cualquier pareja: le acusa, le aparta, se vuelve difícil. Los celos dan miedo. Y cuando tienes miedo, apartas en lugar de acercar.

En un primer momento, los celos serían la expresión de que realmente quieres tener a alguien en tu vida, que tiene su lugar, pero cuando llegan adoptando la forma de un potente veneno que brota a borbotones, cuando hacen que te sientas pequeño y enfadado, entonces han venido para destruir. Y si te sientes poca cosa, sueles utilizar más energías y más poder del que deberías.

Tal vez deberías decirle: «Me siento insegura cuando te vas de viaje y no me mandas un mensaje», pero, en lugar de eso, compruebas su móvil; y entonces él piensa: «No confía en mí», y ya vais en la dirección equivocada.

Con frecuencia veo que él está sorprendido, no entiende cómo la ha perdido y no es consciente de cuándo desapareció el amor. Nunca comprendió lo importante que era demostrarle de vez en cuando que la amaba, y ahora se lamenta de que las cosas hayan podido llegar hasta aquí. Y a la vez ella no comprende que su sensación de ser poco atractiva, insignificante, no tenía una base real.

Con todo, es posible detenerse antes de que sea demasiado tarde, dar un paso el uno hacia el otro, ponerles palabras a los propios puntos débiles, acordarse de ver al otro, a pesar de que pocas veces será tan complicado como durante esos años.

Tu pareja escogió tener hijos contigo, hay una razón por la que sois una pareja, y tras todo ello hay algo bonito.

Y, créeme, llegarán tiempos mejores y tendréis más energía.

Sed un equipo

Si estáis decididos a tener éxito, hay una regla que hay que seguir a rajatabla: ¡no subestimes a tu pareja!

Debes creer que aquel o aquella a quien has elegido para ser padre o madre contigo es capaz de llevar a cabo la tarea: has de ver sus cualidades, dejar que aprenda a hacer mejor aquello que no se le da bien y sus conocimientos se fortalezcan. Si lo va a intentar, necesitará que le mires con amor, pues alguien que se siente constantemente criticado acabará por rendirse. Y esto también se aplica a las relaciones de pareja.

Cuando la vida diaria se complica para uno de vosotros, es labor del otro calmar las cosas, poder ayudar al que se ha atascado. Así es como os mantenéis unidos. Los dos sabéis lo difícil que puede ser, y los dos sabéis que necesitáis ser vistos con amor, que os levanten, que confíen en vosotros.

Y también debéis tener un poco de espíritu deportivo: cuando ves que el otro miembro del equipo está demasiado cansado, te cambias por él.

Es así como os podéis hacer mejores el uno al otro.

EL LENGUAJE TAMBIÉN SE VA DESARROLLANDO

Durante la etapa preescolar, el cerebro está completamente abierto a las lenguas y el niño aprende a hablar más deprisa y con más facilidad que más adelante en la vida. Es ahora cuando sucede de verdad.

La mayor parte de los niños son capaces de construir frases cortas, con unas pocas palabras, a los dos o tres años, pero les lleva mucho tiempo responder detalladamente a una pregunta, pues, comprender relaciones del tipo que exigen las preguntas «por qué» o «cómo» no es posible hasta los cuatro o cinco años, edad en la que también muchos niños tienen defectos de pronunciación de los que no son conscientes, aunque normalmente desaparecerán por sí solos, no hay de qué preocuparse. Cuando tu hijo se aproxime a la edad escolar, formará frases más complejas, y muchos hablarán casi como si fueran adultos.

Con todo, si hay un punto en el que los niños son diferentes, es precisamente en cuanto al momento de empezar a hablar, a qué velocidad desarrollan el lenguaje. Los investigadores han descubierto que, sencillamente, en algunas familias es más frecuente empezar a hablar tarde, mientras que en otras son más rápidos. Estéis en una u otra categoría, para el niño es un gran acontecimiento empezar a hablar, pues le da nuevas posibilidades al juego, a los sentimientos y a la fantasía. El lenguaje es la puerta de entrada al gran mundo y se abre despacio, muy poco a poco. Por eso, una de las cosas más valiosas que puedes hacer ahora es ayudar a tu hijo con las palabras.

ALGUNAS PEQUEÑAS PISTAS

- Sigue de cerca los intereses de tu hijo y habla de las cosas que le preocupan en este preciso momento. Así será más fácil.
- Formula preguntas a las que el niño sepa responder, no utilices variantes complicadas y evita «cómo» hasta que tenga unos cinco años. Las preguntas que empiezan por «¿por qué?» resultan difíciles incluso para los adultos, así que limítate a «¿quién?», «¿qué?» y «¿dónde?», y deja que las cuestiones más complejas vayan llegando poco a poco.
- Espera a su respuesta. Ten paciencia: a un niño de tres, cuatro años le puede llevar tiempo formular la respuesta.
- ¡Leed y cantad juntos! Ritmos, rimas y versos. El inesperado uso del lenguaje y la conexión entre las palabras y el ritmo dan una alegría que acelera el aprendizaje. Sobre todo, entre los que son un poco más lentos en el desarrollo del idioma.
- A partir de los cinco años, los niños se sienten más seguros a la hora de contar historias. Entonces, las imágenes más increíbles pueden emerger de su interior, como si toda su imaginación se desplegara sobre una pantalla para nosotros, los adultos. Deja que el niño te enseñe ese mundo maravilloso.
- Si tu hogar es bilingüe, hará falta más conversación, más lectura y más canciones en los dos idiomas. Aprender a hablar trata de sumergirse en la lengua, y para los bilingües hace falta una dosis doble.

CULTIVAR LA SEGURIDAD

Una de las cosas más importantes que harás en la vida de tu hijo es enseñarle cómo enfrentarse a los problemas que vendrán. Cuando parece que el mundo se viene abajo porque, por ejemplo, os tenéis que ir de la escuela infantil antes de que acabe de jugar, o cuando está desesperado porque no es capaz de terminar el puzle, el niño necesita que siembres la semilla de la seguridad, que le muestres que, en realidad, no se acaba el mundo, que todo saldrá bien. Y eso no lo consigues diciendo: «Quita, ¡yo lo arreglaré!», pues si constantemente le solucionas los problemas, no siembras nada; tan solo es un arreglo momentáneo. Por el contrario, si lo animas a participar en la solución del problema, si recorréis ese camino juntos, estáis poniendo las bases para que en el futuro, por ejemplo, se enfrente a que un examen de matemáticas le salga mal a los diez años, o a que pierda un empleo a los veinte. La vida estará llena de pequeñas derrotas, y en especial ahora que los niños tienen un nivel de ambición tan elevado.

Si le explicas: «Entiendo que te parezca una tontería que nos vayamos, pero si dejamos los juguetes aquí, podrás seguir jugando con ellos mañana, ¿qué te parece?», estarás enseñándole que hasta las situaciones más imposibles pueden solucionarse. Pregúntale a tu hijo qué opina, dale alternativas para lo que podéis hacer, pregúntale si también cree que sería buena idea probar otra pieza del puzle en lugar de la que no encaja.

Es fácil para los adultos limitarse a hacer que el problema desaparezca, sabemos bien cómo solucionarlo. Pero el niño necesita aprender, que le enseñes el camino y que, con el tiempo, le ayudes a ver que el mundo no se derrumba. Tu trabajo es sembrar la semilla para que, el día que la vida le presente un reto, tu hijo sea capaz de decir: «Podré con esto. Sabré encontrar la solución adecuada».

6

¿QUÉ HACER CUANDO SURGEN LOS PROBLEMAS?

Durante la etapa de la escuela infantil, se producirán conflictos en la vida diaria con mucha más frecuencia que en ningún otro periodo, pues, aunque los niños no tienen ninguna noción de lo que necesitan, precisan muchas cosas, todo el tiempo, y además no son capaces de conseguirlas. Por lo tanto, es inevitable que haya conflictos y desacuerdos.

Estás ahí con la cena algo retrasada, puede que varios hermanos estén peleándose por qué canción quieren escuchar y, entonces, un vaso estalla contra el suelo porque el pequeño quiere ayudar. En realidad, podrías describir cualquier escena, está ocurriendo en todo el mundo ahora mismo. El día a día con niños pequeños puede ser muy caótico, así fue en mi casa y así será en la tuya: nadie se libra.

Por eso, la pregunta es: ¿qué hacer cuando las cosas se ponen feas?

Para empezar, debes olvidarte de la posibilidad de dar con una solución perfecta, una especie de receta que puedas seguir al pie de la letra, y no hay ninguna conferencia, libro o método genial para salir airoso cuando estalla la tormenta.

Los niños que tienen miedo no oyen nada, no asimilan nada. Por eso, lo más importante es tranquilizarse. Si gritas: «¡Que me escuches!», eso quiere decir que, en cierto modo, los dos estáis asustados, y estarás gritando a unos oídos sordos.

Con todo, el niño te necesita más que nunca cuando surgen esas situaciones, por lo que has de evitar dos grandes errores, en los que es fácil caer: dejar al niño solo y castigarlo. Si castigas o abandonas al niño con demasiada frecuencia, lo estarás dañando, pues con ello destruyes la confianza y rompes el lazo que os une.

El camino de acceso

Los niños pueden gritar y tirar cosas, pueden enfadarse y destrozarlo todo, te pueden insultar, pegar, morder, tirar del pelo... pero debes saber que hacen todo esto porque no han aprendido a expresarse de una manera socialmente aceptable, pues lleva tiempo comprender cómo debemos interaccionar con las personas que nos rodean.

La ira no debe asustarnos. Cuando un niño de cuatro años pierde el control, se enfada y está triste, la mayor parte de las veces la cuestión de fondo es que se siente indefenso; en esos casos, tu misión es demostrarle que ha traspasado un límite, pero sin asustarlo, y que para eso que siente hay una salida, pues tu hijo no es capaz de manejar sus sentimientos solo.

Cuando se haya reinstaurado la calma, podréis conversar sobre el origen de su enfado, sobre qué podríais hacer de otra manera la próxima vez. Aprender lleva tiempo, pero si guías al niño con calma y paciencia, poco a poco mejorará.

Sé que puede resultar exigente. En mi consulta he tenido padres que me miraban desesperados y me decían: «No hay manera de llegar a él, no hay forma de solucionar esto». Y, aunque entiendo sus sentimientos, también sé que se equivocan, pues siempre hay una manera de llegar a tu hijo, lo que ocurre es que todavía no has dado con ella.

El castigo siniestro

David y Elise vinieron a verme porque en la escuela infantil les habían dado un aviso de que había motivos de preocupación: su hijo de cuatro años les había contado a sus maestras que su padre le pegaba. Los padres lo negaban tajantemente, y pensaban que el niño exageraba.

Poco a poco salió a la luz que, en efecto, no le pegaban, pero sí le daban un capirotazo en la cabeza cuando hacía algo que les parecía incorrecto: si tardaba en sus tareas, hacía el tonto con la ropa o lloraba sin motivo. Y funcionaba, era como si el niño despertara y estuviese más pendiente de las cosas. David me explicó que a él lo habían educado así: «A mí me fue bien», me aseguró. Había pasado su infancia con su madre, con pocos recursos económicos, en un ambiente donde lo que importaba era traer dinero a casa para cubrir las necesidades básicas, por lo que los capirotazos eran lo de menos. Durante algunas temporadas, David tenía que vivir con otras familias, algo que le resultaba doloroso, y todo esto, entre otras cosas, había provocado que en su vida adulta no tuviese ganas de ver a su madre más de lo necesario: no la veía con cariño o cercanía, pero añadió que se sentía agradecido por el trabajo que había hecho.

Elise escuchaba sentada a su lado. Consideraba a su marido fuerte y protector, a veces un poco duro, pero no tenía ni idea de cómo había sido su infancia. Ella procedía de una familia cálida, tenía mucho contacto con sus padres —«demasiado» en opinión de David—, y creía que, como era tan fuerte, él sabría mejor cómo debían educar a un hijo.

Nos reunimos varias veces a lo largo del otoño y conversamos sobre lo que el castigo provoca en un niño, de que suele funcionar y resultar eficaz a corto plazo, y de que precisamente eso es lo que hace que sea tentador y peligroso, pues a largo plazo destruirá todo el proyecto familiar.

¿QUÉ DEBES RECORDAR EN CASO DE CONFLICTO?

1. Detente y piensa. Si sientes que traspasas un límite, que el niño te pone de los nervios, detente y pregúntate: «¿Qué debería hacer ahora?». Cuando eres capaz de pensar, llegas a tiempo de frenar, y, entonces, puedes reaccionar sin castigar o sin enfadarte en exceso. Procura pensar antes en: «¿Quién quiero ser cuando surge el problema? ¿Seré capaz de conservar la calma cuando las cosas se calienten?».

2. Empatiza. ¿Qué ocurre? Ponte a la altura del niño e intenta comprender lo que está experimentando, de dónde viene su frustración.

3. Ayuda al niño a manejar las situaciones difíciles. «Anda, ¿se te había olvidado que íbamos a salir? Lo entiendo, pero eso es lo que vamos a hacer. ¡Ven!»

4. Es completamente normal que el niño haga las cosas mal, tarde demasiado o no te escuche. Eso quiere decir que necesita contacto y orientación, no castigo. Ser niño es aprender, y aprendemos mejor *en compañía* de alguien, no cuando nos sentimos rechazados. Participa en lo que está ocurriendo, no te transformes en un enemigo para tu hijo.

5. Asume tu responsabilidad y muestra el camino. Los niños necesitan aprender, necesitan orientación, y lo necesitan de ti.

Castigar física o psicológicamente a un niño en lugar de hablar con él, le llevará poco a poco, a distanciarse, a perder la confianza, ya que destruye la idea de un «nosotros» y abre grietas en lo que supone ser una familia. En lugar de eso, la convivencia adquiere un carácter puramente funcional: «Me comporto porque debo» es muy diferente a tener confianza o sentir cercanía. Y el resultado son niños solitarios que no pueden confiar en los adultos, que piensan que resulta doloroso tener cerca a su madre o a su padre.

David y Elise comprendieron que debían encontrar otras maneras de relacionarse con su hijo cuando hacía algo que les disgustaba. David fue más consciente de la dinámica de su relación con su madre, empezó a comprender las consecuencias del castigo, la distancia que genera. Recuerdo haber pensado la última vez que los vi salir de mi consulta que eran una familia con una nueva forma de intimidad. Espero que siga siendo así.

La respuesta a las grandes preguntas

Tu hija está en una fase de la vida en la que pronto encontrará su lugar en la colectividad, empieza poco a poco a desenvolverse en la sociedad de la que va a formar parte. A lo largo de nuestra infancia, todos nos formamos una idea de quiénes somos y qué nos merecemos: «¿Cómo deben tratarme los demás? ¿Cómo seré amado? ¿Qué veo en el espejo? ¿Cuánto valgo?» Estas son grandes cuestiones que nos acompañan toda la vida, y las respuestas que les demos algún día controlarán las elecciones que tomemos, nos orientarán hacia la felicidad y la seguridad, o lo contrario.

Los niños que son castigados van desarrollando la sensación de carecer de valía. «No valgo. No soy lo bastante bueno», responden a las cuestiones importantes de la vida. Los castigos no fortalecen, sino que producen inseguridad, y esto es aplicable tanto al castigo físico como al psicológico. Se trata de todos aquellos que no solo escuchan que han hecho algo mal, sino que *son* malos, que son «imposibles de aguantar en casa», «tontos» y «maleducados», todas esas etiquetas que hacen casi imposible para el niño aprender algo, desarrollarse.

El castigo empequeñece.

El castigo te enseña que no mereces el tiempo ni el cariño de los demás.

El castigo solo te dice lo que no debes hacer, no te ofrece solución alguna.

El castigo te bloquea en una situación de inferioridad.

Lo he visto en tantas personas que conozco: un niño castigado no quiere esforzarse por lograr cosas buenas; algunos pelearán a brazo partido contra la sensación de no valer nada toda la vida, otros se resignarán. Un niño sometido a castigos tendrá muchas más dificultades que superar para tener éxito, muchas más dificultades en sus relaciones cercanas con otras personas y, no olvidemos esto, las tendrá también contigo, pues castigar es romper el lazo entre tu hijo y tú. Si crees que el castigo es la manera de educar a un niño, estás obligado a buscar otra forma de pensar, y debes corregirte a tiempo. Lo que hace falta para criar a un niño es darle ánimos, guiarlo, ofrecerle seguridad, enseñanzas y amor.

Castigos proporcionados

«¿Pero darle un capirotazo al niño, solo para que deje de hacer lo que está haciendo, está mal?» «¿Qué hago cuando el niño me muerda?» «A veces hay que sujetar al niño, ¿cuánta fuerza puedo emplear?»

La ley es sencilla: no está permitido pegar a un niño. Darle un cachete suave en la cabeza a alguien también es perjudicial, y lo mismo es aplicable a sujetar con fuerza o apretar un poco de más. Todos esos castigos a los que podemos recurrir le están diciendo lo mismo al niño: «Puedo hacerte daño».

No obstante, en algunas ocasiones es necesario sujetar a un niño para calmarlo, a veces hay que utilizar la fuerza. Lo entiendo, he pasado por esas situaciones, pero también sé que hay mucha diferencia entre sujetar para tranquilizar y sujetar con fuerza para que el niño entienda que lo que ha hecho está mal.

El castigo siempre deteriorará el lazo entre tu hijo y tú a largo plazo.

Si retienes a tu hijo, ha de ser para calmarlo, no para castigarlo. Por ejemplo, si has de llevarte a un niño que se niega a caminar, hazlo de la manera más cuidadosa que puedas: no lo levantes en volandas por un brazo, pues resulta muy doloroso y no calmará a nadie. En su lugar, cógelo en brazos, aunque resulte difícil sujetar a un niño de tres años que no quiere moverse. Haz lo que puedas para recurrir lo menos posible a la fuerza.

La realidad es que eres muchísimo más grande que un niño, y mucho más listo, por lo que debes utilizar tu fuerza y tu inteligencia sin dañar.

El niño abandonado

Como he mencionado en el capítulo 2, es tarea de los padres guiar al niño a través de los nuevos sentimientos que llegan, pues son ellos quienes conocen el terreno y el niño no tiene ninguna posibilidad de caminar él solo. Esa es una imagen que resulta útil tener presente.

¿A cuántos niños no les habrán dicho que se sienten a pensar en lo que han hecho? ¿A cuántos no habrán mandado a su cuarto? Es comprensible llegar a ese punto, sé tan bien como todos los demás padres que llega un momento en el que te sientes totalmente desarmado y no se te ocurre nada mejor que aquello de lo que luego te arrepientes.

Conversar con el niño cuando las cosas se hayan calmado es valiosísimo, pues de esta forma aprenden a hablar de sentimientos, que siempre es complicado. A la larga les convertirá en personas más felices.

Es fácil creer que es una buena solución dejar solo a un niño para que reflexione, pero también sé que no funciona, porque lo que ocurre es que sentirá ansiedad, pues a esta edad lo que más temen es ser abandonados, y tampoco tienen la capacidad para meditar sobre lo que han hecho y que tú consideras que está mal. En lugar de eso, tal vez estén en su cuarto pasando miedo por lo que sucederá cuando vuelvas a subir: «¿Seguirá igual de enfadado?», pensará.

Cuando dejamos a los niños solos en esas circunstancias es como abandonarles en un lugar desconocido. No conocen el camino de salida, lo único que tienen eres *tú*. Así que si les envías el mensaje: «Encuentra el camino de vuelta por tu cuenta», estás exigiéndole demasiado.

Ser demasiado comprensivo

Recuerdo una familia que se sentía dominada por su hijo de cinco años: dirigía el hogar con su mal comportamiento, rompía cosas y daba portazos, y cada vez que tenía un ataque de ira, los demás cedían. La madre intentaba todo el tiempo ser comprensiva, y cuando el niño respondía pegando, ella sacrificaba sus límites personales. Quería comprenderle a cualquier precio y lo hacía aceptando todo lo que su hijo hacía, incluso los golpes.

Pero ¿cómo va a aprender que no es aceptable traspasar los límites de los demás cuando su madre no le muestra la manera de solucionarlo? Está muy bien ser comprensivo, pero no funciona si no hay coherencia. Algunos padres comprenden y comprenden hasta comportarse de manera antinatural, y el niño se siente desconcertado, pues un exceso de comprensión hace que el padre o la madre se desdibujen. Debes intentar comprender a tu hijo, pero no has de olvidar el objetivo final: queréis convivir en un ambiente agradable para todos.

Entonces, ¿qué debe hacer la madre cuando su hijo de cinco años le pega? Devolver el golpe no es nunca una opción, pero tampoco lo es evitar reaccionar. Muchos padres optan por dar un aviso hablando en tercera persona: «¡No se pega a mamá!», y está bien, pero conviene evitar distanciarse con el lenguaje. En su lugar debes utilizar palabras que el niño comprenda: «¡No! ¡No me pegues! Así no se arregla esto». Debes transmitirle a tu hijo que, a pesar de que se enfade, y todos nos enfadamos de vez en cuando, pegar no es la solución, pues no funcionará contigo y no funcionará con otros.

También hay situaciones en las que las palabras no bastan. Hay mucha fuerza en el cuerpo de un niño y la ira da energía, así que, si has de sujetarlo, hazlo. No obstante, no es una solución duradera, pues al final siempre serán las palabras y la comprensión las que os salven.

UN ERROR FRECUENTE ES HABLAR DE ALGO DIFÍCIL MIENTRAS ESTÁ OCURRIENDO.

NO FUNCIONA. PRIMERO DEBES SOLUCIONAR LA SITUACIÓN, Y DESPUÉS PODRÉIS HABLAR DE ELLO, CUANDO LAS COSAS SE HAYAN TRANQUILIZADO.

Un niño que está alterado necesita saber que comprendes cómo se siente en este preciso instante, pero también que hay unas circunstancias más amplias de las que, como padre, te responsabilizas. Debes dejar claro que las cosas se solucionarán.

Después, cuando las cosas se hayan calmado, cuando hayáis comido y estéis en el coche o paseéis camino de casa, podéis hablar de lo ocurrido. No hacen falta muchas palabras, y cuando el niño pueda hablar se tranquilizará.

Ver más allá de la acción

Solo cuando la crisis haya pasado, empezará la labor más importante. En el momento en el que las cosas se tranquilicen y todo siga su curso, el niño y tú podréis hablar de lo ocurrido y tú intentar comprender cómo surgió el conflicto. Para un niño de dos o tres años no hay mucho que hablar; se trata más bien de ir acostumbrándolo a que volvéis al tema después del alboroto: «Oye, antes, las cosas salieron un poco mal, ¿verdad?», le puedes decir. Es posible que asienta con la cabeza y, entonces, ya puedes pasar página. Cuando el niño es un poco mayor, de cuatro años en adelante, comienza por preguntar: «¿Qué ha pasado?», pero no esperes una gran comprensión o respuestas profundas, toma las que recibas y acéptalas, sin sermonear ni regañar. De ese modo, tu hijo se acostumbra a que se pueden contar las cosas, que tú eres capaz de recibir esas respuestas, que es posible hablar contigo, aunque surjan conflictos, lo que sentará unas bases que podrás utilizar desde la edad escolar en adelante.

Cuando el niño empieza en el colegio, se hace más fácil guiar y proponer otras maneras de solucionar las cosas; pero en la edad preescolar, lo más importante es tu comprensión, pues le muestras el camino para ver qué hay detrás de sus sentimientos y acciones, dándole con ello tranquilidad y orientación, mostrando que la mayor parte de las cosas tienen arreglo.

Cuando las lágrimas se han secado y la ira ha amainado debes intentar ver más allá de lo sucedido. Pregúntate: «¿Qué ha ocurrido y cómo surgió?», «¿qué quiere decir en realidad?», y «¿qué debo hacer al respecto?, ¿qué puede servir de ayuda ahora?».

Las cosas llevan su tiempo

Los niños recuerdan un poco a un atasco de tráfico, o a una noria: tienen su propio ritmo tranquilo y sirve de poco estresarse por ello: si has de salir por la puerta y nadie se ha vestido todavía, las cosas solo empeorarán si les das la lata. En verdad, el niño no comprende que tú tengas prisa, les falta la perspectiva y la noción del tiempo, y tanto les puede dar por no vestirse como por hacerlo lentamente o a todo correr. Las cosas salen como salen, y el resultado es, sencillamente, que los padres de niños pequeños llegan tarde. Como sociedad debemos acostumbrarnos a ello y tratarlo con algo más de generosidad, pues la mayoría de nosotros pasaremos por esa fase de la vida.

Dicho esto, los padres deben dejar de crear situaciones predestinadas a salir mal. Un niño de tres años no quiere pasar varias horas contigo en una cafetería: si tienes suerte, y te has acordado de llevar juguetes suficientes, puede que dispongas de tres cuartos de hora. Y cuando notes que empieza a llegar al límite, tendrás que recoger y salir al exterior, donde todo es más emocionante.
De momento estás obligado a jugar según las reglas de tu hijo, así que no te metas en camisas de once varas tú solo porque tengas tus propias ideas y planes sobre qué hacer.

Consuélate con que no faltan muchos años para que las cosas cambien por completo. Todos los domingos voy a un café con uno de mis hijos, llevamos un libro cada uno y comemos tarta de zanahoria. Le encanta.

Come chocolate

Y ya que estoy hablando de tarta: si intentas razonar con tu hijo cuando está alterado, tiene hambre o sueño, nunca funcionará. Los niños pequeños se cansan; los adultos no reflexionamos mucho sobre lo que hacen en la escuela infantil, o donde sea que pasen su jornada, pero imagínate participar en todas las actividades, a la vez que aprendes cosas nuevas todos los días y te relacionas con un montón de gente. Creo que, con frecuencia, los niños están más cansados de lo que nos pensamos. Por eso, les debemos no estar nosotros igual de agotados cuando volvemos a encontrarnos con ellos al final del día, pues necesita una versión agradable de nosotros mismos hasta que la cena esté preparada y todos hayamos encontrado la calma y el ritmo de estar en casa.

Si eres padre en camino de la escuela infantil deberías controlar tu nivel de glucosa: cómete una chocolatina o un puñado de nueces, cualquier cosa que eleve tu nivel de energía. Si estás tan cansado como tu hijo, no serás capaz de comportarte como debes.

Así que sé un adulto responsable y come chocolate.

DALE DOS OPCIONES

A los niños en edad preescolar les encanta poder elegir y odian las preguntas que les vienen grandes. Pongamos un ejemplo: la mejor pregunta que puedes hacerle a un niño de tres años es si quiere paté o queso en la tostada; la peor es: «¿Qué quieres que te ponga en la tostada?». La primera es manejable, la segunda le viene grande.

Una empleada de una escuela infantil a la que conozco dice que una de las peores cosas que hacen hoy en día los padres es poner a los niños ante «la trampa de elegir», pues hacen preguntas que en realidad no son tales: «¿Te quieres ir a casa ya?» no es una buena cuestión para planteársela a un niño de cuatro años cansado, poco antes de que cierre la escuela infantil. Tenéis que marcharos ya y la situación que se crea cuando contesta «no» es mucho más difícil de manejar que si nunca se le hubiera planteado la opción de elegir. Del mismo modo, oye a padres que les dicen a sus hijos: «¿Qué es lo que quieres?», o «¡no entiendo qué es lo que quieres!», lo que hace que se sientan tristes y desconcertados, pues se les responsabiliza de tomar una decisión o tener voluntad en una situación en la que todo les resulta difícil.

Asimismo, es importante dejar que los niños asuman el control de algunas cosas en su vida, porque elegir también implica responsabilidad y motivación. A través de las elecciones, asumen como suyas las decisiones tomadas, sienten la autonomía positiva que implica decidir algo por sí mismos. Y lo importante es que deben ser elecciones que el niño pueda manejar.

«¿Qué zapato te quieres poner antes, el derecho o el izquierdo?» Este ejemplo muestra que crees que el niño sabe ponerse los zapatos y que puede elegir el orden, y así se los pondrá. El orden en el que se pone la ropa, qué vamos a cenar, qué dientes nos lavamos primero, dónde recogemos los juguetes, la vida diaria está llena de situaciones en las que se alegran tanto de poder elegir como de la energía y la orientación que les proporcionan. Pero, para que funcione, debes darle elecciones donde de verdad pueda decidir, y nunca con más de dos alternativas. Cuando se aproximen a la edad escolar, tal vez puedas ampliarlas a tres para algunos niños, pero deben ser opciones limitadas.

Y verás que cuando tienen la opción de mandar un poco a través de estas elecciones claras y sencillas, ¡adoran poder participar!

7

DAR LIBERTAD AL NIÑO

Tu hijo te necesita, pero en un futuro deberá manejarse solo. Falta mucho, tal vez te resulte casi inconcebible, pero llegará un día en el que le ayudarás a recoger sus cosas, las meterás en un camión de mudanzas, le dirás adiós y desaparecerá camino de su propio hogar.

En realidad, toda la educación infantil se dirige a que tu hijo sea autónomo. Durante la etapa que nos ocupa, ni quieren ni deben estar lejos de ti: se mueven en pequeños círculos a tu alrededor y en vuestro hogar. Y es un momento fantástico cuando un niño de cinco años está jugando solo y tú lo observas a distancia: es bueno para el niño y para ti, porque, aunque todavía no se maneje solo, necesita experimentar que es posible, que es capaz de hacer cosas solo. Necesitan su pequeño espacio propio, sus secretos, esa sensación de ser un *yo*.

Eso les ayudará a alcanzar ese día en el que el camión de la mudanza esté esperando en la puerta.

Tiendas de campaña y cuevas

¿Recuerdas la sensación de tener un pequeño lugar propio que era solo tuyo? ¿Debajo de la ropa colgada en un armario, detrás de un sofá en casa de tus abuelos, o tal vez ese lugar del bosque en el que el árbol creaba una casa para ti con sus ramas? Todavía puedo recordar la sensación mágica que tenía en el pecho cuando podía taparme con una manta, debajo de la mesa, si había visitas. Los niños necesitan esas burbujas, momentos de tiempo propio, la sensación de no ser vistos. Les da fuerza.

Cuando tienen dos o tres años se trata de momentos breves, pero, cuando cuentan con cuatro o cinco, pueden necesitar un tiempo sin la mirada vigilante de los adultos. Y esconderse significa mucho: por algo adoran las tiendas de campaña y las cuevas, lugares en los que pueden meterse a cuatro patas y estar en un mundo secreto muy lejos del resto. Dales permiso ¡y la oportunidad! Que te vigilen todo el rato es una sensación agotadora.

Harán tonterías de vez en cuando: se cortarán el pelo entre ellos, dibujarán en la pared con rotuladores indelebles, comerán algo que no deberían... pero todo eso contribuye a crear la seguridad de que existe una burbuja solo para ellos en la que pueden ocurrir cosas mágicas. Te aconsejo que te alegres de esa burbuja: tarde o temprano tendrán que apañárselas solos en la vida y no podrán aprender a asumir esa responsabilidad si antes no practican.

Todos los niños nacen con la necesidad de explorar, un deseo natural de seguir desarrollando el juego y el conocimiento. Si dejas que el niño se explaye jugando a su aire, aprenderá muchísimo.

Se trata de un desarrollo paulatino, y este es el bonito y modesto punto de partida. Puede que estemos hablando de diez, veinte minutos para un niño de cinco años. No es mucho, pero vale su peso en oro.

Muchos padres se preocupan por si hay secretos, y es comprensible, pues en la oscuridad pueden ocurrir cosas dolorosas. Pero los secretos también pueden ser algo seguro y hermoso, ya que compartir algo que no todo el mundo sabe, llevar dentro un secreto cálido y emocionante, crea fuertes lazos de fidelidad. Los niños necesitan secretos, necesitan esos espacios que son solo suyos. Así que dáselos siempre que puedas, y de esta forma también aprenderán la diferencia entre buenos y malos secretos, ya que es mucho más fácil si sabes lo que sientes cuando son buenos.

No te quedes quieto

Recuerdo bien las ideas que tenía sobre cómo iba a comportarse mi hijo, y no estoy muy orgullosa de ello a posteriori. Es fácil imaginar un niño bien educado, atento y tranquilo, antes de tener hijos propios. Pero la realidad es que a estas edades no están hechos para estarse quietos durante periodos prolongados. Si tu hijo de dos años es capaz de permanecer sentado durante toda una misa o un partido de fútbol, es fácil que cuando tenga tres no pare de correr como si el mundo estuviera en llamas. De hecho, la mayoría pasa por unos años en los que apenas son capaces de estarse quietos, lo que no significa que seas un mal padre, sino tan solo que tienes una hija de tres años. La solución no es evitar todas esas situaciones, pero sí estar preparado y llevar algo para jugar y para comer, y has de tener la posibilidad de salir de donde sea si la situación resulta insostenible. No planifiques estar hora y media en un sitio obligatoriamente, estar atados, pues a esa edad no quieren estar encerrados. Prepara las cosas lo mejor que puedas, intenta pensar en la alegría de vivir y en la necesidad de salir con tu pequeña como algo bueno.

Los padres superentusiastas

Con las posibilidades llegan también las ambiciones; por ejemplo: no es especialmente difícil enseñarle a un niño de tres años a leer, el problema es que se le olvida. Solo cuando estén de verdad listos para leer, cuando se dé cuenta de la utilidad y la felicidad que produce, cuando la cabeza y el cuerpo estén preparados, merece la pena aprender, por lo que no debe ser un objetivo ir muy por delante.

Los niños han de poder aprender aquello que les resulte útil y les proporcione alegría en cada momento. Creer que aprenden mejor porque empiezan pronto es un error: no vas a ser necesariamente mejor jugador de fútbol o violinista porque empieces a practicar con tres años. Entiendo que pueda parecer lógico, pero la realidad no es así.

CUANDO EL NIÑO TIENE LA OPORTUNIDAD DE ESFORZARSE, DE QUE LAS COSAS LE SALGAN BIEN Y SIENTA QUE TIENE ÉXITO, TAMBIÉN EXPERIMENTA LA SENSACIÓN DE SER CAPAZ.

Los niños pequeños aprenden cuando algo les parece divertido e interesante. Si tu hija adora jugar al fútbol, debe poder disfrutar de ello mientras le apetezca, pero no creas que será la próxima estrella mundial porque empiece a los cuatro años.

Un error común entre los padres es desear algo con más fuerza que sus hijos. No hay que olvidar que para ser bueno en alguna cosa, te tiene que gustar hacerlo, pues la alegría y las ganas son lo más importante para que algo te salga bien. Y la obligatoriedad, la falta de libertad y las ambiciones de los padres suelen acabar con las ganas. Por eso, no debe preocuparte tanto qué quieres que sus hijos hagan bien, sino fijarte más en qué le gusta al niño: deja que baile, haga puzles, plante plantas, se tire en trineo, juegue al balonmano o esquíe, deja que el niño lo haga con alegría y facilita que sienta esa alegría.

Los niños se esforzarán por conseguir la admiración de sus padres, que estén contentos. Pero debes asegurarte de que tu entusiasmo proporcione la dosis necesaria de agua y alimento para que germine un talento o una actividad entretenida. Si riegas y abonas demasiado, puede acabar con aquello que es frágil en una fase inicial.

ENSEÑAR EN LA EDAD PREESCOLAR

1. Sesiones y juegos breves. Los conocimientos tardan en fijarse antes de la edad escolar, pero la alegría persiste. El mayor reto ahora es evitar ir demasiado lejos.
2. Los niños aprenden a base de prueba y error, y aprenden mejor con un adulto en el que confíen. La relación es lo más importante, no lo que vayan a aprender. Sin relación, no hay aprendizaje.
3. Encuentra buenos entrenadores o profesores, si es posible. El niño escuchará más a otros que a ti. Elige a alguien que valore y anime más que a alguien que mande y regañe. Los padres suelen ser malos pedagogos con los propios hijos, y esto se aplica incluso a los profesionales de la enseñanza. Deja que otro haga el trabajo de base.
4. Es importantísimo repetir. El mismo verso, el mismo ejercicio, el mismo movimiento, el mismo giro, una y otra vez. No te impacientes, deja que se tome su tiempo. Puedes intentar variar, pero es verdad que la repetición crea maestros.
5. ¡Pásalo bien! Fomenta la unidad, el estar a gusto, en torno a las actividades. Es fácil entusiasmarse demasiado y estropear la alegría del aprendizaje en los niños comportándote como el estricto profesor de un internado. En ese caso, los dos tendréis problemas y se desgastará el lazo que os une, vuestras ganas de hacer algo.
6. Recuerda que disponéis de mucho tiempo. No hace falta ser el mejor a los cinco años para poder serlo a los veinte. Pero practicar de manera regular contribuye a ello, y el mejor incentivo son siempre las ganas.
7. ¡Debes estar pendiente del niño! ¿Tal vez ahora otra cosa completamente distinta haya llamado su atención? Hasta los padres más dotados para la música pueden tener hijos sin oído, y el excursionista más entusiasta puede engendrar un niño felizmente aficionado al sofá.

Es una pena que demasiada gente tenga un intenso deseo de que sus hijos destaquen, sobre todo en ese deporte o en ese instrumento en el que ellos fueron bastante mediocres. Demasiados padres piensan que es divertido seguir con una actividad a pesar de lo que opinen sus hijos, demasiados los que ahogan la alegría. Estarás haciendo lo contrario de lo que deseas: estropearás las posibilidades del niño de hacerlo bien.

¿Cómo llegar a ser bueno en algo?

Las posibilidades de desarrollo del niño son fantásticas, pero ningún ser humano está hecho solo para adaptarse, tampoco los niños, pues es incompatible con ser feliz. Si quieres ser feliz, debes tener espacio para ser autónomo, tienes que poder decir: «Quiero hacer esto» o «no quiero hacerlo» es fundamental para tener una buena vida.

Asimismo, como ya hemos dicho en varias ocasiones, el niño aprende cuando está listo para ello; por ejemplo, antes de que haya adquirido un eficaz sentido del equilibrio, no podrá darle buenas patadas a un balón: podrás ensayar hasta el infinito, pero el equilibrio no hace acto de presencia hasta los cuatro o cinco años. Para comprender de verdad un juego como por ejemplo el fútbol, el niño deberá tener la capacidad de verse a sí mismo desde arriba, competencia que se adquiere hacia los diez años. Puedes explicarle qué es el fuera de juego y la posición pero su cerebro aún no es capaz de asimilarlo.

Por eso me entristece ver junto a un campo de fútbol adultos que intentan enseñar cosas a un niño que todavía no está listo para interiorizarlas. El exceso de entusiasmo de los padres es el mayor impedimento para el talento de los niños, y desgasta su lazo con él.

La mayoría de nosotros llegamos a ser aceptablemente buenos en aquello que elegimos hacer, y los pocos que resultan ser especialmente capaces en un área tienen un interés propio al que se deja florecer. Algunas cosas son heredadas, otras muchas producto de que los padres acompañen al niño en su camino. Si estos ven su interés, lo respaldan y le ofrecen posibilidades sin ahogar sus ganas, puede llegar a ser bueno. No obstante, el niño debe poder construir esa alegría y esas expectativas por sí mismo. Por eso, las cosas sin estructurar son tan increíblemente importantes a esa edad, pues han de poder hacerlo a su manera: jugar y reír es lo más importante.

También resulta determinante ayudar a tu hijo para que pueda practicar, y cuanto mayor se haga, más lo necesitará. Los niños que quieren llegar lejos en algo necesitan padres que les den la opción de hacerlo, ya sea jugar con el balón o tocar un instrumento. Lo que sea, pero deben ser sesiones breves. Y, aunque a los niños les encanta probar cosas nuevas y necesitan muchísimos estímulos, tiene que ser a un nivel en el que puedan disfrutar, que sean capaces de asimilar. Sobre todo, ellos precisan jugar e ir a su aire. Pregúntales a todos los números uno del mundo: la alegría es la base.

Y lo mismo vale para los padres (la mayoría de nosotros perfectamente mediocres en nuestras respectivas áreas): sigue con atención las preferencias de tu hijo, lo que parece interesarle. Es ahí donde aparecerán los buenos resultados y una vida plena.

Lo cierto es que nunca fracasarás como violinista, jugador de fútbol o matemático si tu actividad te proporciona, antes que nada, alegría.

DARLE AL NIÑO LA VERDAD

El mundo está repleto de recetas rápidas para tener éxito como padres, pero las soluciones fáciles no son especialmente eficaces en la vida real. Cuando te enfrentes a todas esas jornadas complicadas con tu hijo que habrán de llegar, cuando te encuentres en medio del caos diario, no podrás leer en voz alta de un libro o citar algo que hayas escuchado a un conferenciante. Lo que digas ha de salir de tu propia percepción de cómo se siente el niño.

Por supuesto que espero darte alguna perspectiva y algo de orientación con los libros que escribo, pero eres tú quien tiene que convertir todo esto en algo que sea verdad en *tu* vida. Si te limitas a seguir un método, si has aprendido la manera hábil de decir las cosas, no valdrá nada, pues serás una especie de pseudopedagogo, y eso no da ninguna seguridad. Tu hijo se dará cuenta y a los niños no les gustan las cosas que no son verdad. Por eso, no empatizarás con un niño disgustado haciendo una lista de todas las cosas que le preocupan, no hace falta que demuestres que conoces la técnica, que eres una especie de campeón que sabe todo lo que le pasa, y a qué se debe. Debes estar *presente*, escuchar al niño, reducir su ira. Lo importante es que conectes con él y encuentres precisamente esa llave que funciona con tu hijo. Podrás partir de ahí.

LEER CON TU HIJO

2-3 AÑOS

Hay que leer a ratos breves. Céntrate en la atención del niño, y acompáñalo en todos los rodeos que quiera dar. Muchas veces deseará hablar de cosas que no aparecen en los libros, y puede que leáis una página y empecéis a hablar de lo que ocurrió en la guardería, o tal vez podáis leer diez páginas en silencio. Con todo, las imágenes siguen siendo lo más divertido.

3-4 AÑOS

El humor empieza a ser una parte importante de los libros. El niño adora las sorpresas, un topo con caca en la cabeza, animales que aparecen de repente en la página siguiente, una pelota que bota en sitios extraños. Para las personas pequeñas, estas sorpresas son grandes, alimentan su imaginación. Siente la experiencia de reíros juntos, es muy importante a esta edad: cuando ríes con una niña de tres años, demuestras tanto que estás con ella como que la comprendes. Estaréis *compartiendo* de verdad una experiencia. Y a una niña de tres años que acaba de descubrir este filón de risa, ¡le chifla!

4-5 AÑOS

Ahora el niño quiere escuchar historias completas. Le encanta conocer a los protagonistas de los libros, tomar su punto de vista y poder perderse en su mundo. Necesita ver las reacciones de otros, leer sobre alguien que se ve en una situación especial y lo soluciona a su manera. Así la fantasía puede seguir su propio camino, y el niño se alegrará de poder participar en el viaje, ya sea en un globo aerostático, en un submarino o en un coche de carreras.

Ver cómo otros se enfrentan a la vida enseña a tu hijo a afrontar su propia vida, y que las cosas puedan hacerse de más de una manera le señala el camino hacia un mundo más grande, un mundo donde todo es posible.

5-6 AÑOS

También cambian los libros que les enganchan a esta edad. Con cinco años quiere aproximarse a las grandes cuestiones de la vida, por lo que le gustará leer sobre el asombro y la búsqueda, sobre la amistad y los grandes viajes. Sin embargo, para el niño de seis años es como si se enfriara un poco la etapa de la magia fantástica y fuera sustituida por algo más concreto, un encuentro real con el mundo. Le gustarán los libros que hablen sobre el funcionamiento del mundo, sobre dinosaurios, máquinas o el universo.

SEGUNDA PARTE

LOS GRANDES TEMAS

No suelo citar la Biblia, pero hay una frase que se me ha quedado grabada: «Quien no acoja el reino de Dios como un niño no entrará en él». En mi mente siempre he imaginado que el niño del que se habla ha de tener cinco años, y si existe un cielo en algún lugar, creo que nunca estamos más cerca de él que cuando tenemos esa edad: es en ese momento cuando los colores son más intensos, cuando los insectos son más hermosos y los sonidos, más emocionantes, cuando puedes mirar al cielo y preguntarte a qué distancia están las estrellas o cómo regresan las naves espaciales, cuando puedes tumbarte en la hierba, sujetar una hormiga en la punta del dedo y asombrarte con todo tu ser: «¿De dónde vengo?», «¿adónde voy?».

A todos nos viene bien recordar al niño de cinco años que llevamos dentro.

Ese pequeño verso de la Biblia me recuerda que nosotros, los adultos, de vez en cuando, deberíamos agacharnos a la altura de los ojos de un niño y descender a su mundo. Allí abajo están las cosas hermosas, la curiosidad limpia y el optimismo infinito, el asombro honesto, la magia de la existencia, tan evidente como al correr la gigantesca cortina de un escenario.

Allí abajo está todo aquello que perdiste por el camino.

Una de las cosas más hermosas de poder ser padres es encontrarte con tu hijo en ese lugar.

Y puede que esta sea la mejor respuesta a cuál es en realidad la razón de ser de todas las cosas: ¿tal vez solo se trate de estar juntos? ¿Tal vez solo se trate de cogernos de las manos y en verdad *ver* todo lo que nos rodea constantemente con los ojos abiertos de un niño de cinco años?

En esta segunda parte te hablaré sobre algunos de los temas más presentes entre los niños en edad preescolar, sobre las experiencias que he adquirido en mi vida profesional, sobre medios sociales, alimentación y sueño, sobre la vida en la escuela infantil y qué hacer cuando la familia se agrieta o cuando las discusiones entre hermanos asumen el protagonismo. Voy a intentar guiaros por algunos de los temas más importantes que os vais a encontrar durante esta etapa para que os resulte más fácil recorrerla.

LA ESCUELA INFANTIL

Entras en la escuela infantil, sujetas su manita, tal vez la lleves en brazos porque todavía no ha aprendido a andar. Le has puesto ropa bonita, has estado pendiente de la hora para no llegar tarde y piensas con emoción cómo será marcharte de allí solo, cómo serán los adultos, si la niña estará a gusto. Después llegan todos los días siguientes, todos los cambios de ropa, todos los pañales, todas las lágrimas que hay que secar, las narices que limpiar, todos los besos, todas las entregas y recogidas, pasan las semanas, los meses, los años. Y un día se acaba, salís por la puerta por última vez.

Tal vez te preguntes adónde fueron a parar todos esos años. Quizá recuerdes el primer día, mires a tu hija y te parezca que la que ves ahora es otra persona completamente diferente, tal vez comprendas lo importante que han sido, todos esos días, esos trabajadores que han pasado a ser parte de vuestra vida, todos los bocadillos, las reuniones de padres y los días de excursión que has tenido que recordar.

Los años que tu hija pasa en la escuela infantil son tan importantes que es difícil exagerar en eso.

Los adultos que cuidan de tu niño se convertirán en personas muy importantes también en tu vida, y eso es fundamental para tu hijo, pues verá que te importa cómo está y con quién pasa todas esas horas en las que no estáis juntos. El cuidador significa mucho para tu hijo, y para ti.

Es ahora cuando aprenden que hay un lugar para ellos en el gran colectivo que hay ahí fuera.

¿Cómo saber si tu hijo estará a gusto en la escuela infantil?

En la base de todo tiene que haber seguridad: el niño debe experimentar que la escuela infantil o la cuidadora son un buen lugar donde permanecer, que son adultos en los que puede confiar, que están con ellos como todos los niños merecen que los adultos lo hagan.

Una buena escuela infantil cuenta con empleados que trabajan su lazo con cada uno de los niños, que saben cómo conocerlos y cómo estar con ellos, y que comprenden lo importante que es no dejar a un pequeño solo. ¿Pero cómo puedes verlo cuando llegas como padre novato?

He visitado muchas escuelas infantiles, y siempre busco lo mismo: adultos que consuelen a los niños y les ayuden a solucionar conflictos, aparte de las cosas más evidentes, como que esté recogido, que tengan una buena selección de juguetes. También he empezado a creer que en las buenas escuelas infantiles hay más calma: en ellas los niños saben adónde ir si están tristes y en general parecen sentirse más confiados, por eso lloran menos.

Muchos padres se preguntan cómo lo estarán pasando sus hijos en la escuela infantil. Pues bien, comprobar si un niño está a gusto se basa en cosas muy banales: si come, juega, duerme y charla, estará bien. Si queremos ver si un niño está a disgusto, deberemos buscar cambios, que con frecuencia se manifestarán en el juego: estará más agresivo y se enfadará con más facilidad; tal vez duerma mal, haya perdido el apetito o se pelee con más facilidad. Puede haber mil motivos, y tú, como padre, tienes que ejercer un poco de detective. Además, ni siquiera es seguro que tenga nada que ver con el centro, puede que haya captado que hay mal ambiente en casa, o tal vez esté incubando una otitis.

Si tu hijo grita: «¡No quiero ir a la escuela infantil!» todo el camino, tampoco quiere decir que haya un problema, pues puede que se lo esté pasando muy bien contigo y que la transición le resulte algo brusca.

Un niño que no quiere que lo dejes, pero que luego se encuentra a gusto allí, no debe ser motivo de preocupación.

En cualquier caso, es bueno prepararlo todo a conciencia a la hora de afrontar juntos el reto de la escuela infantil.

1. **Haz que la transición no resulte estresante.** Los problemas suelen surgir en los momentos de cambio. Haz todo lo que puedas para que la llegada y la recogida en la escuela infantil encajen con los ritmos del niño. Si necesita disponer de más tiempo por la mañana, tal vez deberíais levantaros media hora antes.

2. **Ten preparadas las cosas que necesitáis, no olvides los mensajes que os lleguen.** ¿Qué debe llevar de almuerzo si hay excursión, qué ropa necesita el niño? Pueden parecer cosas insignificantes para nosotros, pero él pasa la mitad de la jornada en la escuela infantil, por lo que necesita sentir que encaja y tiene todo lo que le hace falta.

3. **Valora lo que hacen en la escuela infantil.** Fíjate en lo que han realizado a lo largo del día, y habla de ello: «¿Cómo fue la excursión? ¿Con qué habéis jugado? ¿Es verdad que viste unas arañas?». El niño necesita que te interese lo que ha hecho durante el día.

4. **Muestra que aprecias a los empleados.** Los que trabajan en la escuela infantil desempeñan un papel importantísimo en la vida del niño. La gran mayoría de ellos son personas muy especiales que de verdad aprecian tirarse al suelo y perderse en la curiosidad de los niños. Si tu hijo ve que valoras a los adultos, que confías en ellos, estarás conectando el hogar y la escuela infantil.

El niño prudente

Hasta los padres más sociables pueden tener niños que prefieran estar solos. Queremos lo mejor para nuestros hijos, y una de las cosas que más deseamos para ellos en la edad preescolar es que hagan amigos, que estén a gusto entre otras personas. Pero, si no es así, ¿cuánto debes insistir?

Algunos niños adoran estar en compañía, no quieren irse de la escuela infantil, van corriendo al arenero donde están los demás niños. Otros prefieren entretenerse con sus cosas y no encuentran tranquilidad ni seguridad en la fiesta y la diversión.

Jon, el hijo de un amigo mío, es uno de esos que odian los cumpleaños. No quiere ir, y cuando lo llevan a rastras, no juega con ninguno de los otros niños. Mi amigo me dice que a veces se avergüenza de la situación, ¿qué dirán de un padre y de su hijo que no es capaz de participar en un cumpleaños cualquiera?

En casa da gusto estar con Jon: lee y juega con sus padres, hace construcciones con las piezas y los animales de la granja y se lo pasa bien jugando con su hermana pequeña. En casa todo resulta sencillo, pero en la calle las cosas se complican.

Pequeñas variantes de nuestra personalidad pueden tener un efecto muy grande en un niño, pues algunos son, sencillamente, más prudentes, más sensibles a su entorno, y pueden funcionar muy bien durante toda la vida, ya que ser poco extrovertido o más sensible no es indicio de que algo vaya mal. Al contrario, el mundo también necesita gente así, tanto mayores como pequeños.

Me encontré con mi amigo y con Jon y vi que el chico funcionaba bien y, en realidad, se encontraba a gusto en grupos pequeños.

Los padres se relajaron un poco cuando comprendieron que todo iba sobre ruedas. En la escuela infantil acabaron por hacer un plan de actividades propio para él y otros niños a los que les gustaba que las cosas a su alrededor fueran un poco más tranquilas, para que pudieran estar juntos. Algunos de los adultos empezaron a pasar algo más de tiempo con Jon, de manera que los conociera mejor y se sintiera más seguro. Sin prisa, pero sin pausa, fue encontrándose más cómodo en la escuela infantil. Después de un tiempo, resultó que había otro chico con el que le gustaba estar e hizo un amigo.

Para un niño es casi una amenaza de muerte recibir constantemente el mensaje de que no deberían ser como son, que lo que sienten no está bien. Ser sensible puede provocar respuestas negativas del entorno que lo atenazan y reducen sus posibilidades de encontrar su voz, su lugar en la comunidad. Si tienes un hijo tímido, debes asegurarte de conocerlo bien. ¿Qué le gusta? ¿En qué situaciones se explaya? Necesita emerger de su juego individual y practicar en un entorno social, pero debe ocurrir sin que se sienta presionado. Se trata de hacer actividades más sociales de lo que el niño elegiría por sí mismo, pero que no le resulten impactantes. Y lo que es más importante: debe hacerse con seguridad.

La verdad es que la amistad nace y crece si nos sentimos seguros, por lo que nunca podrás presionar a un niño para que haga amigos.

Estos pequeños pueden necesitar, además de seguridad y ánimos, que no pongas el listón muy alto: si tu hijo de cinco años es muy prudente y no se atreve a tirarse por el tobogán, no hace falta que digas que es divertidísimo y que *tiene* que intentarlo; en su lugar manifiéstale que puede probar y ver qué le parece. Así seguirá teniendo una alternativa. Los niños tímidos tienen miedo de verse presos en una circunstancia que les disguste, de manera que si rebajas el nivel de expectativa, pero conservas la seguridad y los ánimos, le facilitarás controlar la situación. Bajad juntos por el tobogán una vez, ved si notáis mariposas en el estómago, deja que utilice su cuerpo del modo que le guste. Dile: «¿Quién sabe? A lo mejor es divertido. Podrías probar».

Hay pocas cosas tan grandes como un niño de cinco años que es algo miedoso y que de repente se atreve con algo y nota lo emocionante que es. Los niños prudentes suelen acabar bien, pues más adelante es una buena cualidad no correr riesgos innecesarios. Con todo, es importante no perderlos de vista, pues necesitan acostumbrarse poco a poco a cómo valorar los riesgos, utilizar su cuerpo un poco más, atreverse. No les obligues ni presiones, pero juega con él, ve despacio, haced algo juntos.

Cuando te llamen los padres del amigo de tu niño para decirte que, finalmente, tu hijo ha cambiado de opinión y no quiere quedarse a dormir, ve a buscarlo. Si tiene miedo, debe volver a casa, y no ha de ser presionado ni verse obligado a pasar una experiencia negativa que puede que tengáis que combatir durante años.

Pero también debes saber esto: cuando una niña prudente por fin da con aquello que le apasiona, no hay nadie que se lance tan a tope como ella.

Los amigos, ¿lo más importante del mundo?

La amistad para un niño consiste en probarse con otros, compararse con otro que no es adulto, es negociar, compartir, sentir esa bonita sensación de estar *juntos*, sin que un adulto sea responsable de que todo acabe bien. La amistad es una muestra de equilibrio, niños que tienen más o menos la misma fortaleza. Es cuando alcanzan la edad de tres o cuatro años cuando empiezan a preferir a unos compañeros de juegos antes que a otros, y suelen elegir a alguien con quien sienten que tienen algo en común, niños que se parezcan lo más posible a ellos mismos, a quienes les gusten las mismas cosas. Solo un 20 por ciento de los niños de tres años, y más de la mitad de los de cuatro años, tienen un amigo preferido; lo que quiere decir que son muchos los que no lo tienen y juegan con los que están cerca o están haciendo algo que les apetece hacer. Otros juegan sobre todo solos y no tienen especial interés en llevarse un amigo a casa al acabar la jornada en la escuela infantil.

Me he encontrado con muchos padres preocupados porque su hijo de cinco años no tiene un amigo especial. Sabemos por nuestra propia experiencia lo importante que es la amistad, por lo que es comprensible temer que nuestro hijo experimente la soledad e imaginamos al niño o a la niña solo en el patio del colegio mientras el resto juega. Sin embargo, no estamos en esa fase, así que no te agobies en absoluto si tu hijo es más o menos sociable que tú, pues cambiará mucho en los años venideros. Ahora mismo, en la edad preescolar, solo debes darle la oportunidad de jugar con otros, de sentir curiosidad, de descubrir con quién se siente bien y se queda tranquilo. Y a la vez, has de mantener la relación con tus propios amigos, así el niño verá y aprenderá que la amistad puede ser bonita, que te hace feliz y que te sientes seguro junto a otras personas.

Aunque es bonito ver una amistad en esas edades, has de ser consciente de que es una amistad «funcional». Solo cuando tu hijo cumpla unos diez años, tendrá la madurez social suficiente para valorar y conservar una amistad; hasta entonces son otras relaciones cercanas las que importan: se trata, sobre todo, de la relación con la familia más cercana, tú.

Mobbing (ACOSO)

El ser humano tiene un miedo terrible a no encajar en el grupo, y esto vale tanto para niños como para adultos. Vernos excluidos, que se rían de nosotros o que nos traten mal nos aterra. Y, cuando somos padres, ese miedo se extiende a nuestros hijos. ¿Qué pasa si a los demás no les gusta? ¿Y si no tiene amigos? La soledad nos duele en nuestra propia vida, pero nos puede resultar casi insoportable en la de nuestro pequeño.

Hay niños que están más expuestos a sufrir acoso. Sé bien de qué hablo, puesto que nací con un defecto en la vista y soy bizca. Siempre que haya una debilidad, habrá alguien que se aproveche de ello.

Pero creo que es importante recordar que los niños de esta edad son inmaduros, principiantes también en esto. Se dirán cosas los unos a los otros que nos parecen crueles desde el punto de vista de los adultos, pero lo hacen sin mala intención. Lo cierto es que los niños necesitan nuestra ayuda para manejar las relaciones sociales hasta la edad en la que se van de casa. Cuando son tan pequeños como ahora, se trata, en gran medida, de guiarlos para salir de esquemas de comportamiento negativos, no de castigarlos ni de clasificarlos en categorías como «acosadores» o «víctimas», pues eso bloquearía la situación en lugar de ayudar a salir de ella.

MANTÉN BREVES CONVERSACIONES CON LOS NIÑOS DESDE MUY PEQUEÑOS. PREGUNTA COSAS CONCRETAS, NO GENERALIDADES. DEBES ESTAR PENDIENTE DE LO QUE TU HIJO HACE EN LA ESCUELA INFANTIL, HABLA DE ELLO. ES UNA PRÁCTICA IMPORTANTE PARA LA VIDA QUE VENDRÁ. SI HABLÁIS, OS UNÍS.

Habla con los responsables de la escuela infantil o con otros padres de manera abierta, no vayas directo a batallar por cuenta del niño. «Ahora mismo las cosas están así, pero podemos hacer algo al respecto», es un inicio mucho mejor que: «¡Acosan a mi hijo!». Está bien que lo quieras proteger, pero si te conviertes en su defensor, en lugar de ser su adulto más próximo, estarás empleando mal tus fuerzas.

Los niños de dos o tres años no son capaces de ponerse en el lugar de otro, eso se irá desarrollando tarde o temprano; pero algunos necesitarán ayuda para no convertirse en el que hace sufrir a otros niños. El acoso entre niños pequeños debe ser una señal para nosotros, los adultos, de que necesitan orientación: los que están especialmente expuestos precisan que se les preste más atención. En definitiva, es tarea de los adultos orientar a los niños en su vida diaria para que reconozcan las distintas personalidades: los lanzados y los prudentes, los rápidos y los lentos...

Si el acoso procede de un adulto, por el contrario, el niño está completamente indefenso. Si un adulto corrige constantemente, regaña, favorece a otros compañeros o señala a tu hijo de manera negativa, puede resultar demoledor. El niño no tiene ninguna posibilidad y necesita tu ayuda para corregir ese desequilibrio. ¿Cómo puedes, como padre, enfocar el acoso? ¿Qué hacer si ves que apartan a tu hijo, cómo lo puedes proteger? Creo que hay tres cosas que debes tener presentes:

1. **Sabemos que la mejor protección ante el acoso es el lazo que mantienes con tu hijo.** El acoso se previene de abajo arriba: los niños que tienen lazos firmes con sus adultos aguantan más. Como adulto, lo más importante no es que inicies una batalla por cuenta de tu hijo en el colegio o la escuela infantil, sino que reafirmes la seguridad del niño a través de su relación contigo. Si creas y proteges el lazo entre vosotros, lo estarás protegiendo.

2. Recuerda que eres su ejemplo. El niño siempre te observa y se percata de más cosas de lo que crees. Cómo hablas con otros, cómo tratas a las personas con las que te encuentras, cómo te comportas ante las dificultades, todo eso lo absorbe. Es fácil decirle a un niño que hablar mal de alguien a sus espaldas no está bien, y, sin embargo, hacerlo nosotros delante del niño. Como padre estás obligado a pensar dos veces y recordarte que tú marcas la pauta.

3. Enseña al niño a pensar sobre lo que ocurre. No es fácil a esta edad, pero podemos intentar conectar sentimientos, acciones y pensamientos: «Vaya, Eva no tiene con quién jugar. Vamos con ella, ¡así nos divertiremos todos!». Hay que hacerlo a un nivel muy sencillo, solo así lo asimilará. Por el contrario, si transformamos algo en una cuestión moral, si decimos: «Es injusto que Eva no tenga con quién jugar, nadie debe sentirse excluido. ¡Tenéis que jugar con ella también!», tu hijo no te comprenderá. Tanto niños como adultos se ponen a la defensiva si les acusan de algo, no es un buen método para conseguir que cambie. Además, un sentido de la moral evolucionado a la edad preescolar es esperar demasiado, es evidente que no pueden meditar sobre las consecuencias de sentirse excluido o los peligros del acoso. En lugar de eso, puedes, de manera tranquila y sencilla, ayudarlo a ver qué está pasando, y solucionar la situación.

REBAJA EL NIVEL DE ESTRÉS

Estos años están llenos de cosas por hacer: de escuelas infantiles a punto de cerrar, la compra por hacer, tareas en el trabajo, ropa que comprar, entrenamientos a los que llegar... Es fácil sentirse mal padre cuando el poco tiempo que tenéis entre la escuela infantil y la hora de irse a dormir se va en cosas que *hay* que hacer.

Una situación de estrés prolongada te vuelve ineficaz y hace que tu sistema se bloquee y empieces a funcionar en modo reserva. Por eso, es más importante combatir esa sensación de estrés que llegar a hacerlo todo. Cómo rebajar ese nivel de estrés varía de persona a persona, pero lo que sirve de ayuda a todo el mundo es comprender esto: no pasa nada, lo que no hagas hoy lo harás mañana. No eres el peor padre del mundo, aunque a veces puedas tener esa sensación. Y recuerda: El niño necesita mucho más la presencia de un padre o una madre aunque no lleguen a todo.

UNA GUÍA RÁPIDA

1. No puedes hacerlo todo. ¿Qué es más importante? Habladlo en familia y ayudaos a encontrar un nivel de actividad con el que todos podáis vivir.

2. Ocúpate de que haya tiempo suficiente en el hogar como para que tu casa no sea solo un lugar de repostaje marcado por el estrés y cosas que hacer. Estar juntos no consiste en llegar a tiempo a algo todos los días. Elaborad un horario razonable teniendo en cuenta vuestras actividades.

3. Acostaos pronto. No solo los niños necesitan dormir para recuperarse. El sueño es una de las cosas más importantes para que el cerebro se recargue. Dale prioridad.

4. Encuentra la risa. Reírse es la manera más rápida de relajar un organismo estresado.

5. Cuida las rutinas. Establece pautas lo más parecidas posible para todos los días. Organizar las mañanas y las noches del mismo modo hará que los niños estén más tranquilos y los padres menos estresados.

PELEAS ENTRE HERMANOS

Mis anteriores vecinos tenían, en el aparador del recibidor, una foto en blanco y negro de sus hijos en la que los hermanos, de edades parecidas, están de pie delante de un seto, rodeándose con los brazos y sonriendo con ganas. Personificaban la idea de infancia perfecta, niños satisfechos que se aman entre sí y aman la vida, que viven en armonía. La foto era como un día de verano al que quisieras regresar. «Esa foto es mágica», solía decir el padre si alguien se quedaba mirándola. «Fue la única vez que fueron amigos en toda su infancia. Duró unos diez minutos.»

Ningún padre desea que se produzcan conflictos entre sus hijos. Nuestra idea de familia feliz conlleva tranquilidad, bienestar y tardes en las que todos se quieren. Pero si hay más de un niño en una familia, habrá discusiones, y si hay tres o menos años de diferencia de edad entre ellos, las discusiones se multiplicarán.

Es fácil sentirse fracasado como padre cuando tus hijos se pelean, pero la verdad es que los niños necesitan conflictos. De hecho, es una de las experiencias más importantes de la infancia, pues les forma. Necesitan discutir con sus hermanos y contigo, estar muy en desacuerdo y aprender a negociar para llegar a un entendimiento, hallar su lugar y reclamarlo, encontrar y mostrar su propia voluntad, aprender a formular sus opiniones para decirle al mundo quiénes son. En otras palabras: el conflicto es imprescindible.

Es así como los niños aprenden qué clase de persona van a ser.

La discusión importante

Cuando Mia me llamó, estaba completamente agotada. Tenía dos hijos de cinco y siete años estupendos, divertidos y atentos... cuando estaban cada uno por su lado. Juntos eran todo lo contrario, y el ambiente en casa estaba marcado por sus intensas discusiones: los padres iban de puntillas, siempre listos para intervenir. «Lo peor es que tuve los niños seguidos porque quería que se tuvieran el uno al otro, que fueran un equipo. Y este es el resultado. ¿Qué he hecho mal?» Mia era hija única, quería que sus hijos se libraran de la soledad que ella había sentido en su juventud. Todos los demás tenían con quién jugar, mientras que Mia estaba sola con unos padres que preferían sumergirse cada uno en su periódico, por lo que tener dos hijos era especialmente importante para ella; pero ahora se sentía fracasada.

Convivir es negociar por el espacio, poner límites y descubrir quién manda. El niño necesita aprender a discutir y a ceder. Y cuando se trata de solucionar conflictos, eres tú quien tiene la experiencia. Muéstralo siempre que puedas.

Cuánto discutan los niños dependerá de su personalidad, de cuánto discutan los mayores y de cuántos motivos haya para discutir. Suele haber dos cosas por las que se enfrentan los niños: de quién es cada cosa y quién es superior física o mentalmente, y los dos aspectos son importantes, necesitan poder averiguarlo. En la mayoría de los casos, cuando los adultos intervienen e intentan solucionar los desacuerdos por ellos, el conflicto tarda todavía más tiempo en resolverse.

Muchos de los que vienen a verme con algún problema son padres que temen las discusiones, paran cualquier conato de conflicto entre los niños e intentan por todos los medios mantener una especie de armonía familiar. El problema es que nunca se ha dado la respuesta a estas preguntas que todos los hermanos se hacen: «¿Cuál es mi lugar? ¿Cuáles son mis puntos fuertes y mis debilidades? ¿Dónde están mis limitaciones?», y el resultado es que los problemas se prolongan. El hermano mayor se mete con la pequeña, ella lloriquea y da patadas, y acuden a ti para solucionarlo. Así, los niños no superarán el nivel de un niño de cinco años, aunque pase el tiempo y sean colegiales y adolescentes. Las discusiones son importantes para la autonomía: los hermanos necesitan encontrar soluciones a los problemas por su cuenta, pues eso les hace tener confianza entre ellos, pone las cosas en su lugar. A veces, las discusiones también pueden deberse a un pequeño desequilibrio en la familia: una enfermedad, que se haga más caso a uno de los hijos o, sencillamente, que las cosas estén un poco fuera de control una temporada y nadie tenga lo que necesita. En algunas familias, los adultos están tan metidos en su mundo que los niños se sienten solos y se desatan las discusiones.

Cuando se pierde el equilibrio, son muchos los que creen que puede ser útil organizar la familia de otro modo. Tal vez los niños necesiten pasar algo más de tiempo solos con el progenitor con el que suelen estar menos ratos, eso le dará la sensación de ser alguien, le hará sentirse importante, por lo que no necesitará reivindicar que «estoy aquí» de otras formas. Una circunstancia habitual en estas edades es que papá asume la responsabilidad del mayor, mientras que mamá se ocupa del nuevo bebé. Es una manera adecuada de repartir las tareas para muchos, pero puede ser buena idea hacer un cambio: si papá lleva el carrito y mamá se queda con el mayor, el bebé pequeño será percibido como menos amenazante para los hermanos mayores. Encontrar el equilibrio en la familia, que todos tengan lo que necesitan, en realidad es algo con lo que hay que trabajar todo el tiempo. Es fácil acomodarse, escoger al niño con el que tienes mejor contacto, aquel de los hermanos que se parece a ti, el que te resulta más fácil comprender, pero tus hijos necesitan sentirse bien tanto con su padre y como con su madre, deben encontrar algo tranquilizador y bonito en los dos.

En las familias con niños pequeños, donde el menor tiene menos de tres años, siempre deberás tener cuidado de que el de más edad no haga daño al menor, pues los celos pueden cegar al más grande, y le resultará difícil calcular cuánta fuerza tiene y las consecuencias de pegar. Cuando el pequeño no está en condiciones de oponerse, pueden surgir situaciones peligrosas.

No obstante, según van creciendo, la mayoría de los padres hará bien en alejarse de la disputa. Puedes estar un poco pendiente de lo que ocurre, que no siempre sea uno el que domine, pero has de darles espacio para que la discusión sea verdadera y recíproca. El ruido en sí no es un problema, si te molesta, mejor ve a hacer otra cosa y prepárate para consolar si hiciera falta.

Las discusiones implican conocimiento mutuo

Muchos se sorprenden cuando les pido que dejen a los hermanos pelearse en paz, pues al entrar en conflicto también nos conocemos. El amor se construye estando en contacto, y en todo contacto hay una posibilidad de conflicto. Los hermanos que se pelean de niños tienen más posibilidades de ser amigos en la edad adulta, pues se conocen mejor. Y si no encuentran la solución a los temas importantes entre ellos, no serán capaces de sentirse cerca el uno del otro. Por eso deben tener la posibilidad de descubrir quién es más fuerte, quién dibuja mejor, de quién es el balón, o quién se va a poner el vestido color lila. Y los padres deben ser capaces de aguantar las peleas, y a la vez esforzarse por que también haya buenos ratos en la vida diaria.

El verdadero amor entre hermanos está en el juego. Cuando los niños juegan juntos, establecen comprensión e intimidad entre ellos, y ante las discusiones, debes mostrarles que no supone un motivo de crisis no estar de acuerdo, que pueden volver a ser amigos, lo que vale tanto para las discusiones de los mayores como de los pequeños. El niño siempre te mirará a ti, a vosotros, por lo que cada vez que sigan adelante después de un desacuerdo, o vean que tu pareja y tú lo hacéis, habrá aprendido algo sobre cómo solucionar un conflicto, y esto es un regalo para su vida futura.

Relaciones de poder

Un niño en edad preescolar no tiene mucha experiencia a la hora de discutir, sencillamente, le falta práctica, y por eso puede acabar recurriendo a los dientes y los puños cuando siente que no consigue nada. En una de las familias con las que trabajo, los padres estaban desesperados porque el hermano pequeño, de tres años, reaccionaba pegando y mordiendo cuando la hermana mayor, de cinco, decidía todo en casa. Era como si las peleas no se acabaran nunca. Les pregunté qué hacían cuando llegaban a ese punto y me dijeron que, por supuesto, intervenían y le explicaban al chico que no se puede pegar. Eso suena como una solución adecuada, pero lo que hace en realidad es tomar partido por la parte más fuerte: una niña de cinco años puede argumentar y hablar hasta dejar sin palabras a su hermano de tres sin ningún problema, por lo que, en realidad, no es tan extraño que se sienta atropellado y recurra a las manos.

Lo que de verdad necesita el hermano pequeño es ayuda para expresarse, pero también aprender que su hermana es más fuerte que él. Cuando los padres solucionan la situación afrontando solo lo que ocurre al final, la relación de poder entre los hermanos nunca llega a establecerse: el pequeño considera injusto que siempre le den la razón a su hermana, y es seguro que volverá a pegar y morder. Les aconsejé que no tomaran partido de manera tan clara, que consolaran, calmaran e intentaran escuchar un poco más qué había pasado cuando los niños acudieran a ellos. «Pero no podemos dejar que se convierta en uno de esos niños que pegan», me dijo la madre algo asombrada. Respondí que un niño que pega es un niño que no ha aprendido a solucionar conflictos, y que lo que necesitaba su hijo pequeño era un lenguaje, comprensión y que presten atención a cómo vive él la situación, así como orientación: «Eso funcionará mejor que la prohibición de pegar, seguro», les comenté. Un mes después me mandó un correo, sorprendida porque funcionaba. Me contó también que habían encontrado un

ALGUNOS PUNTOS QUE RECORDAR PARA LAS DISCUSIONES ENTRE HERMANOS

- Cuando los hermanos sean un poco mayores y se defiendan por sí mismos, retírate. No te involucres como mediador al primer indicio de desacuerdo.

- Muestra a los niños cómo se soluciona un problema, no lo soluciones por ellos. «¿Qué pasa aquí? ¿Los dos queréis la pelota de tenis? Lo entiendo. ¿Cómo podéis resolverlo?», puedes preguntar, en lugar de resolverlo tú.

- Si el niño necesita consuelo después de una discusión, dáselo. Hazlo sin reproches, no digas que tiene la culpa por haberse peleado con su hermano o su hermana.

- No tomes partido por uno en contra del otro. El más pequeño no siempre tiene razón, el mayor no puede asumir la responsabilidad todo el rato. Han pasado muchas cosas antes de una discusión que tú no has visto.

- Si uno de los niños se porta realmente mal con el otro, debes intervenir y decirlo. Los hermanos no deben insultarse ni hacerse daño.

- Observa cómo solucionáis los desacuerdos los adultos de la familia y cómo discutís con los niños. ¿Qué aprenden de eso?

- Deja sitio para que los niños también pasen un tiempo agradable juntos. ¿Qué hacen juntos cuando se llevan mejor?

- Rebaja los celos pasando algo de tiempo a solas con cada uno de ellos de vez en cuando. Los niños necesitan sentirse especiales, y si están seguros de su propia valía, también se pelearán menos entre ellos.

libro que les había ayudado leerlo juntos sobre un chico que estaba enfadado y se sentía pequeño y disgustado. Ahora los hermanos jugaban juntos, y el pequeño participaba cuando la mayor les daba instrucciones, a la vez que aportaba sus propias ideas, lo que hacía que fuera más divertido para ella jugar con él. Cuando la relación de poder se aclara, hay menos conflictos.

El hogar sin conflictos

Algunos padres me cuentan con orgullo que en su casa nunca hay discusiones, y yo suelo pensar que, en realidad, eso sí es motivo de preocupación. Una infancia sin conflictos no es algo que debamos perseguir.

Por supuesto que hay niños tímidos, que huyen del conflicto, pero necesitan ayuda para ponerle palabras a lo que quieren, deben aprender a ocupar un lugar. En algún momento del futuro entablarán una relación de pareja, y entonces puede que sea bueno no hacer lo que su pareja quiera todo el tiempo. Un hogar sin conflictos no te está enseñando nada sobre la vida real. Además, tampoco estoy segura de que exista: si en una casa nunca hay desacuerdos, quiere decir que hay alguien que decide siempre, porque los demás no quieren o no pueden protestar.

Es mejor que consideres el conflicto como una vía para que los niños encuentren el camino para ser una persona autónoma. Aprender a decir lo que *yo* quiero, lo que *yo* siento, quién soy *yo*, encontrar tu lugar, es algo bueno, aunque en el momento pueda resultar agotador.

Si tienes más de un hijo, tendrás que aguantar más líos, pero también quiere decir que tanto tú como los niños tendréis más autonomía.

¡Sigue pegando y mordiendo!

La mayor parte de los niños, con el tiempo, van encontrando otra manera de conseguir lo que quieren que no sea pegando y mordiendo, pues, cuando el lenguaje se desarrolla, son capaces de expresarse y sentir que les escuchan. No obstante, siempre hay alguno que no acaba de encontrar su camino en la comunicación más avanzada, por lo que seguirá recurriendo a soluciones más extremas cuando la frustración les asalte. Y eso puede resultar bastante desesperante para los padres: «¿Qué clase de hijo hemos tenido?». Además, a los padres no les gusta que a sus hijos les arañen o muerdan en la zona de juegos infantiles o en la escuela infantil, pues hay pocas cosas que contribuyan tan rápido a que os pongan el sello de «malos padres». No obstante, sé bien que no hay ninguna razón para condenarlos: morder y pegar no es indicio de que los padres sean malos, sino de que el niño no ha encontrado otra manera de afrontar las exigencias y los conflictos.

Si es tu hijo el que sigue reaccionando sin control, debes intentar averiguar qué pasa. ¿De dónde viene esa frustración, qué situaciones la desencadenan, qué es lo que no le sale? Puedes empezar por ser más rápido a la hora de orientarle en esas circunstancias, sacarle de ellas si ves que las cosas se están torciendo, ayudar a que se tranquilice. Asimismo debes trabajar su lenguaje: leed libros, conversad, haced cosas juntos. Tu hijo se llevará consigo lo que aprenda cuando está bien con los adultos, lo utilizará cuando esté con otros niños. Sé que es fácil regañar a los niños cuando se portan mal, pero es que lo que necesitan es lo contrario: contacto y amor.

Todos pueden acabar en círculos viciosos en los que volcarán su frustración en los demás, algo que a su vez lleva a más enfado y frustración. Cuando mi hijo mediano se acercaba a los tres años, uno de los adultos de la escuela infantil me contó que había empezado a morder a los más pequeños. Nunca antes había hecho algo así, yo siempre le había considerado un niño pacífico, y no me tranquilizó especialmente que me informaran de que habían hablado con él de ello.

¿Qué estaba pasando? ¿Qué se me había pasado por alto? ¿Qué estaba intentando decir? Al apartar la vista de mi ajetreada vida diaria —estaba embarazada y trabajaba mucho—, me di cuenta de que había muchas cosas en su vida en proceso de transformación: había habido cambios en el personal de la escuela infantil y, como mi hijo era fácil de llevar, no le habían asignado una nueva persona de contacto; además iba a llegar un nuevo miembro a nuestra familia, algo que puede darle miedo a cualquiera, y yo estaba trabajando mucho para dejar las cosas listas antes del parto y no tenía tanto tiempo como antes para pasarlo con mi hijo. De repente me di cuenta de que había acabado fuera de nuestro foco de atención en todos los aspectos.

Volví a hablar con la escuela infantil, les conté que en mi opinión el niño necesitaba que le asignaran una nueva persona de contacto, más estructura y seguridad, y en casa empecé (para mi gran satisfacción) a pasar más tiempo con él otra vez. Lo de morder se acabó enseguida, y tuve un niño alegre y satisfecho que lo pasaba bien en la escuela infantil y, además, dormía mejor por las noches.

En mi caso las respuestas eran bastante evidentes, pero no siempre es fácil saber qué hay detrás cuando los niños muerden y pegan. Una cosa es segura: es tarea del adulto intentar solucionarlo y ayudar al niño a seguir su camino.

Si no se trata de tu hijo, sino de otro niño, observa tanto a este como a los padres juzgando menos, con más comprensión. Eso ayudará más de lo que crees.

¿Cómo explicarle que viene un hermano?

Llega el día en que viene un hermano de camino, pero nueve meses son mucho tiempo y para un niño pequeño, una eternidad. Por eso puede resultar tentador no contarlo demasiado pronto, aunque los grandes acontecimientos son *vuestras* experiencias comunes, en eso consiste ser una familia. Para el niño significa mucho que no lo aparten, así que, cuando decidáis compartir la noticia del embarazo, tu hijo debe estar el primero de la lista.

Para un niño en edad preescolar, la idea de una nueva persona no es precisamente algo tangible, es más fácil cuando la tripa haya crecido un poco y el embarazo se vea y se sienta. Mientras tanto es bueno leer algún libro sobre la vida que crece dentro de la tripa. Sin embargo, no esperes largas conversaciones sobre el nuevo bebé, pues todo lo que no sea el aquí y el ahora solo interesa a los niños de estas edades un rato más bien breve. Una conversación de cuarenta segundos de duración algunos días a la semana está más al hilo de lo que su curiosidad y comprensión toleran.

Por muy bienvenido que sea el nuevo bebé, afectará al equilibrio que habías conseguido: uno más no quiere decir el doble de trabajo, pero implica una transformación completa de la familia. Y la clase de familia que resulte dependerá tanto de quiénes sois vosotros como de quién sea el pequeño. Para algunos es un gran impacto y se hace trabajoso encontrar un nuevo equilibrio, mientras que para otros es una bendición desde el primer día. Cuando ha llegado el hermanito, el niño de más edad necesita poder seguir con su vida y sus rutinas, recibir atención y tiempo a solas con uno de los adultos. Y un recién nacido no es una gran compañía, así que no esperes agradecimiento y alegría por el nuevo bebé durante el primer año por parte del mayor. No osbtante, después, cuando lleguen el lenguaje y la corporalidad, se convertirá en un compañero de juegos, y entonces el amor entre hermanos empezará a crecer de verdad.

Pronto estarán discutiendo, para acercarse todavía más el uno al otro.

UNA PEQUEÑA ETERNIDAD

Los niños pequeños no tienen noción del tiempo, así que la manera en la que los adultos organizamos nuestro tiempo carece de valor para los pequeños. «La semana que viene» no significa nada, el día de mañana no existe, así que sirve de poco decir que podrán comerse otro yogur si «esperan hasta mañana». Los niños están aquí y ahora, y su comprensión del tiempo no llega del todo hasta que las partes del cerebro que se involucran en la planificación empiezan a asentarse. Tienen que llegar a los siete u ocho años para que la expresión «dentro de dos meses» no sea del todo abstracta, o para entender lo que implica «la semana pasada». Por eso tal vez no sea extraño que se desesperen si alguien les quita un juguete, pues en su mente no hay ningún motivo para creer que alguna vez volverá. Los niños pequeños pueden creer que los padres han muerto si faltan de casa un tiempo y nadie habla de ellos, pues lo que no tienen delante aquí y ahora carece de significado.

La mayoría aprenderá algo del tiempo a través de rutinas y repeticiones. Puede ser más fácil comprender que «mañana, cuando haya luz y te despiertes, mamá estará aquí», que «mamá vuelve mañana».

El tiempo debe relacionarse con algo con lo que puedan vincularse: podemos montar en trineo «cuando haga frío y llegue la nieve» es más fácil de comprender que «dentro de un par de meses».

Solemos sobrevalorar lo que un niño comprende, y debemos recordarnos a nosotros mismos que hemos de relacionarnos con la vida que el niño vive, no con un reloj o un calendario, que le resultan imposibles de comprender.

DEJAR LOS PAÑALES

Una niña que acaba de dejar los pañales es la dueña del mundo: puede ser una reina mañana mismo, caminará con autoestima y desprenderá orgullo y alegría. El proceso hasta llegar a ese punto debéis recorrerlo juntos y es planear exactamente cómo quieres ayudarla a liberarse de todos los cambios de pañal. A pesar de que dejar los pañales era más fácil años atrás, pues las maravillas de pañales superabsorbentes y técnicamente sofisticados de hoy son mucho más cómodos, en algún momento tu hija empezará a dar señales de que está lista para intentar dejarlos. A lo mejor se queja un poco de haber hecho pis en el pañal, tal vez muestre más interés por qué es lo que hacen los niños un poco más mayores en el baño. Cuándo ocurra esto varía muchísimo, pues dejar los pañales no es una cuestión de edad, sino de madurez, y los niños son muy diferentes. Las niñas suelen empezar hacia los dos años, mientras que los niños suelen tardar unos seis meses más, y luego pueden pasar otros seis meses hasta que son capaces de dejarlo del todo. Sin embargo, no es extraño que pase un año más antes de que tanto niños como niñas dejen de usarlos por la noche. Y esto solo significa que los niños son diferentes, y que su desarrollo, y no su edad, es lo que manda.

Una buena idea es dejar los pañales hacia el verano, pues es poco práctico quitarse pantalones largos y leotardos cuando ocurre un accidente. Y ocurrirán.

Para ti como padre la cuestión será estar pendiente de las señales que indican que se acerca el final de los pañales, y es una cuestión de madurez: algunos adquieren control con facilidad, para otros supone mucho trabajo. Cómo vaya este proceso no tiene nada que ver con cómo les vaya durante el resto de su vida: los niños son diferentes, sin más. Deja un orinal en un lugar bien visible de la casa, habla de pis y caca, pregunta a intervalos regulares si quiere probar, pero no presiones. Y cuando estén allí, sentados en el orinal, tal vez podáis leer un poco. Aplaude con entusiasmo si resulta algo y si no, no pasa nada, limítate a decir: «Bueno, pues ya llegará la próxima vez», y asegúrate también de tener siempre ropa limpia a mano. Si eres capaz de llevarlo todo con actitud positiva, el proceso se hará mucho más corto, y piensa que cada vez que te irrites o te enfades, puedes estar sumando un mes más de pañales; por desgracia, hablo por experiencia. Recuerdo bien la primera vez que mi hijo pequeño había insistido en ponerse calzoncillos porque molaban mucho, a pesar de que, en realidad, era un poco pronto. Íbamos bajando por la escalera, teníamos prisa, y ahí estaba él, haciéndose pis hasta formar un charco en el suelo. No pude evitar enfadarme y, para ser sincera, todavía me arrepiento aunque hayan pasado diez años. No fue un momento del que me sienta orgullosa.

Dejar los pañales es un proceso, y debes formar parte de él. Si empiezas demasiado pronto, se puede hacer muy largo, pues es fácil que el niño se avergüence y entonces evite la situación todo el tiempo que pueda. Es mejor que estés pendiente de cuándo parezca que está preparado, sed un equipo paciente y animoso durante todo el proceso. Un día darán vueltas por casa con las recién adquiridas ambiciones de reinar en el país: los pañales serán historia.

CONSEJOS PARA DEJAR LOS PAÑALES

1. Deja el orinal a la vista.

2. Lee y habla sobre el tema.

3. Si ves indicios de que tiene ganas, proponle que podéis intentar ir al baño.

4. Es buena idea que te vean a ti ir al baño. (Tendrás que vivir con el peligro de que salgan corriendo a contarle a los invitados: «¡Papá está haciendo caca!».)

5. Asegúrate de que haya tan poca vergüenza y regañinas como sea posible, y mucho juego y sensación de control.

6. Deja que se sientan motivados por lo que viene después de los pañales, compra un calzoncillo o una braguita que les parezcan chulos y cuéntales que se lo pondrán cuando dejen los pañales.

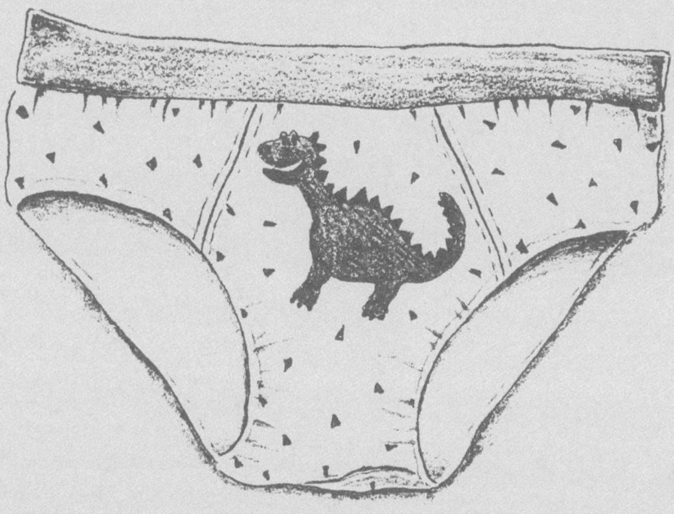

ALIMENTACIÓN

Yo, como tantos otros, he tenido un niño de tres años que ha proclamado con satisfacción que nunca más comerá verduras. Y mantuvo su palabra: escupía lo que intentábamos colar debajo de una salchicha o junto a una albóndiga. «Las verduras son lo más tonto que hay», gritaba moviendo la cabeza. Los hábitos alimenticios van por fases, por lo que no hace falta obsesionarse con que el niño no come zanahorias o brócoli. Mientras los adultos sigáis comiendo verduras, tarde o temprano sentirá curiosidad y querrá probarlas, solo hay que aguantar el tirón. Así que podéis intentar convencerle, pero tendréis que aceptarlo si no le gusta. No debéis empujar la comida hacia el interior de la boca cerrada de un niño, eso solo empeorará las cosas. Cuando tenga veinte años, en cualquier caso, comerá más o menos como lo hayan hecho sus padres a lo largo de su infancia. Hasta entonces lo tendréis que intentar lo mejor que podáis y con las fuerzas que tengáis, o empezar a colar las verduras ralladas en la salsa de la pasta, como hice yo. La alimentación, el peso, cómo se relacione el niño con la comida, siempre es responsabilidad del adulto. Distintas familias tendrán distintas culturas gastronómicas, pero la responsabilidad no deja de ser la misma: el niño necesita comer suficiente, la comida adecuada y a la hora correcta.

Tus hábitos alimentarios

Los esquemas que marcarán la relación del niño con la comida durante su vida se establecen ahora, lo que implica que sea un periodo especialmente exigente para los padres que tienen una relación complicada con la comida. Comer de manera poco saludable, estar permanentemente a dieta, ponerse morado, estar excesivamente preocupado por exactamente qué es lo que vamos a comer... hay muchos malos hábitos que les podemos transmitir.

Es importante ser consciente de cuáles son nuestros hábitos en relación con la comida, como ya escribí en el tercer paso. Mucha gente tiene una relación más o menos antinatural con la comida, así que, si eres capaz de romper con ese esquema y ofrecerle a tu hijo una actitud relajada, saludable y alegre ante lo que coméis, será una gran victoria también para ti.

El niño exigente

Al cumplir dos años, tu hijo ha crecido muy deprisa, pero a partir de este momento se desacelera, lo que quiere decir que puede que coma menos que antes y, también, que sea más exigente. Además, las papilas gustativas se desarrollan hacia los dos años, por lo que los alimentos tendrán más sabor y, sobre todo, algunos le sabrán mal. La cuestión es que ya no le gusta tanto todo.

Obligar a un niño a comer carece de sentido: es demasiado brutal e invasivo, y tampoco le aportará apetito ni alegría vital. Hay quien dice: «Los niños tienen que probar todo lo que ponemos en el plato, esa es la regla en nuestra casa», y puede que en algunas familias funcione, pero conduce con facilidad a situaciones en las que el niño se siente presionado, pues lo único que experimentará es la incomodidad de que un adulto haga valer su superioridad. Todos los niños pasarán por fases en las que son un poco más exigentes, unos más que otros. Tienes que ocuparte de que tengan oportunidad de comer de todo pon alimentos a su alcance, varía y prueba. Si no lo come ahora, puede que lo haga la próxima vez.

Acostumbrarse a nuevos sabores requiere su tiempo. Enséñale la comida nueva, habla de ella y ofrécele al niño nuevos sabores, pero nunca le metas en la boca la comida a la fuerza. Si lo haces, perderás su confianza y el niño las ganas de probar algo nuevo.

Su relación con la comida variará en función de cómo esté el niño y de cuánto crezca. Evita las chucherías antes de la comida y prepara las cosas que tus hijos prefieren, al menos algunas veces a la semana. Si tiene mucha hambre antes de que os sentéis a la mesa, eso también puede hacer que no coma, pues es un poco como tener demasiado sueño: dificulta aún más tomar lo que más falta te hace.

Creo que comidas regulares y un buen ambiente en torno a la mesa es lo mejor. Nuestras comidas son una de las actividades más sociales que llevamos a cabo como familia, es cuando somos *nosotros*, juntos. ¿Tal vez por eso nos desesperamos cuando un niño no come? Intenta que la comida sea un elemento positivo, y recuerda que tu desesperación no te convierte en un buen educador.

Ten paciencia, ahí está la clave.

El niño sin medida

La mayoría de los niños comen cuando tienen hambre y dejan de hacerlo cuando están satisfechos. Eso es lo habitual, pero algunos siempre quieren repetir una vez más, en especial si hay tarta, helado o chucherías, y al final dejan de comer todo lo que no sean dulces. Si tienes un hijo en esta situación, eres tú quien de manera tranquila debes ocuparte de que se sirva una porción razonable y que no repita.

Debes evitar los postres y tener menos cosas dulces a mano en casa, es la única manera de asegurarte de que coma menos de estos productos. Y solo tú puedes asumir la responsabilidad de que sea así. No obstante, si eres demasiado estricto, tarde o temprano obtendrás el efecto contrario: comerán todo lo que quieran fuera de casa en cuanto tengan ocasión.

Aunque sea tentador decir que no hay postre, nada dulce en la despensa ni helado en el congelador, estos productos forman parte de la alimentación que el niño se tendrá que acostumbrar a manejar. Comprender que está bien comer un poco es mejor que asustarle con lo terrible que es el azúcar.

La comida como protesta

Una de las maneras en que un niño puede protestar es a través de la comida. Si se niega a comer, hay un motivo y, generalmente, no tiene nada que ver con la comida. En ese caso, tú, como padre, debes revisar de qué puede tratarse. ¿Está bien ser niño en esta familia y en esta vida, como debería ser? ¿Quién es esta personita, la hemos entendido? Sé que repito esto con frecuencia, pero la solución es ponerte a su altura, asegurarte de que «ves» a tu hijo. Los niños que se portan mal necesitan diálogo, y no castigos ni represalias.

¡NO TE COMPORTES COMO UN BEBÉ!

Los niños pequeños se desesperan por un montón de cosas raras: lloran porque las piezas del rompecabezas no encajan donde deben, porque les echas el kétchup antes que la mostaza, porque se mojan si meten las manos debajo del grifo o pueden permanecer despiertos en la cama berreando porque se han dejado una botella de plástico vacía en su zona de juegos. Es fácil irritarse ante cosas aparentemente tan irracionales y pensar que deberían dejar de portarse como niños pequeños, pero es que eso es lo que son: niños pequeños, y puede resultar útil que te lo recuerdes con frecuencia.

Si dices: «Ya eres una niña mayor, ¡deja de gritar!, ¡no te comportes como un bebé!», no conseguirás lo que quieres. Lo único que le estarás diciendo a tu hija en ese caso es que está mal llorar, que es tonta e infantil. Aprenderá que no la entiendes y no la aprecias, y en cierto modo la estarás dejando sola.

Ninguno de nosotros confiamos del todo en las personas cercanas que nos hacen sentir tontos, y eso vale para niños y para adultos. Entiendo muy bien que puede resultar agotador escuchar llantos y disgustos por cosas que sabes que no son motivo para ello, pero la verdad es esta: en una vida pequeña, las cosas minúsculas son grandes.

Cuando tu hijo llora por algo que no es ninguna razón para desesperarse, es porque algo le resulta difícil, se siente desesperado y no sirve de nada que le digas que su sentimiento es erróneo. Sabes bien que la vida presentará problemas mucho más grandes con el tiempo, pero él no lo sabe, y necesita tu ayuda para aprender a afrontar lo que le espera. Ese entrenamiento lo adquiere durante estos años, a través de todos esos episodios que a ti te parecen demasiado insignificantes para ser tomados como catástrofes. Su éxito epende de que le orientes, eres tú quien le muestra que tal vez las cosas no sean tan peligrosas y difíciles como parecen, quien le enseña que existen soluciones. La manera en que lo hagas irá cambiando con el tiempo, pero nunca lo deberías hacer dando a entender que los sentimientos del niño están mal o son infantiles.

Y si suspiras y te preguntas: «¿Cuándo aprenderá?», la respuesta es que lo hará en algún momento de la adolescencia, pero hasta entonces experimentarás que los acontecimientos más nimios pueden parecerle una hecatombe. Tal vez puedas decir: «¡Uf, ¿te has puesto triste porque nos dejamos esa botella en la zona de juegos? Lo entiendo, pero ¿sabes qué?, mañana podemos ir a buscarla, porque en realidad a las botellas de plástico vacías les gusta bastante dormir al aire libre. ¿Vamos juntos mañana a ver que está bien?». De ese modo ayudarás al niño, ves dónde está desde el punto de vista emocional, le muestras una vía para salir de la catástrofe y le cuentas que la vida sigue. En estos años surgirán muchas situaciones como esta, solo tienes que acostumbrarte a arrodillarte y salir al paso de los tropiezos de tu hijo con calma y comprensión. Te garantizo que eso os dará los mejores resultados a los dos.

CUMPLEAÑOS

El día del segundo cumpleaños de tu hijo, el protagonista te mira sorprendido cuando le pides que se coloque para la foto. Con tres años, recuerda más su cumpleaños y participa algo más activamente. Pero el primer gran cumpleaños de verdad es el de los cuatro, pues es el primero que él mismo espera con ilusión, esta vez se prepara y sueña con todo lo que va a pasar. ¿Qué clase de tarta? ¿Qué clase de fiesta? ¿Vamos a cantar o no? A esta edad tiene grandes ideas sobre su gran día, tan grandes que parece imposible cumplirlas todas. Y cuando llega el momento, tienes el salón lleno de otros niños de cuatro años que no son fáciles de manejar, pues a esta edad suelen hacer lo que desean, y puede que no se hagan cargo de la organización como lo haría uno de cinco, que entiende un poco más de lo que se le exige a un cumpleañero.

Todas las familias tienen sus ritos de cumpleaños: qué se come, cuál es el ritmo, si hay muchos o pocos invitados, si hay un regalo por la mañana al despertar que te llevan a la cama o no... existen infinidad de maneras de celebrarlo. Cómo lo hagáis no es importante, pero que lo *hagáis* significa mucho. Los niños necesitan sentir la alegría por su existencia, esa historia sobre ellos mismos, y se sienten bien cuando les asignamos un lugar en las tradiciones familiares.

Las fiestas infantiles son muy divertidas y un reto importante. Ver a los hijos de los demás en pleno desmadre puede llegar a desbordarte, por lo que es una buena idea que la fiesta sea breve, una hora y media es más que suficiente, y es bueno tener el programa claro por anticipado. ¿Qué va a pasar y cuándo? Abrir regalos, juegos, pescar chuches, comida, tarta... ten un horario pensado para que no haya demasiados intervalos en los que ni los niños ni tú sepáis qué va a pasar. Los periodos de transición ya son bastante complicados con *un* niño, si tienes un montón de visita, incluidos unos cuantos que no conoces, te alegrarás de ir cumpliendo los puntos del programa uno detrás de otro.

Por supuesto que lo más probable es que las cosas no transcurran según lo previsto. Si todo resulta diferente, no pasa nada, siempre que haya suficientes adultos como para consolar a los que lo necesiten. Nunca organices una fiesta tú solo, debéis ser, al menos, dos adultos, y mejor tres. Con niños de esta edad es fundamental contar con manos suficientes.

SUEÑO

Durante la edad escolar, en especial a partir de los tres años, muchas familias experimentan que el horario de dormir se va asentando. Hay niños que duermen toda la noche seguida, se han acostumbrado a las rutinas de la hora de acostarse, y los padres con frecuencia tienen ya una actitud más relajada al respecto. No obstante, los niños siguen siendo diferentes y tendrán, exactamente igual que los adultos, más o menos facilidad para dormir: algunos se acostumbran a dormir bien toda la noche seguida, otros siguen considerando oportuno despertarse dos horas antes de que suene la alarma.

Lo que merece la pena recordar es que los niños están creciendo y desarrollándose en esta etapa, algo que hace que el sueño sea muy importante, pues supone recargar las baterías: es el tiempo que el cerebro dedica a crear nuevas conexiones. Y establecer las rutinas y proporcionar el sueño suficiente son dos cosas fundamentales con las que los adultos pueden contribuir. Los niños menores de seis años no son capaces de postergar el ritmo de las jornadas, no recuperan el sueño, por eso no conviene pensar: «Esta noche lo estamos pasando tan bien, dejemos que se queden levantados un poco más», pues eso hará que el niño esté de peor humor al día siguiente, que sea complicado acostarlo y que el camino a una espiral negativa sea más corto. Tal vez ahora suene un poco aburrida, pero hay pocas cosas que compensen tanto como mantener el ritmo del sueño.

El sueño es una importante responsabilidad de los padres.

IRSE A DORMIR

Muchos se preguntan cuánto tiempo puede dedicarse a irse a dormir en estas edades, pero no existe una norma que proporcione respuesta a eso. La verdad es que a la mayoría le cuesta un rato, pero quiero destacar que es un rato muy agradable, y seguramente por eso al niño le gusta alargarlo, pues es un tiempo «de estar juntos», de ser *vosotros*. En mi opinión es una de las cosas más hermosas que existen, ese instante en que el niño se deja ir, cuando ves que se le cierran los ojos, los brazos se apoyan pesados en el colchón, y encuentra la respiración tranquila que acompaña a los sueños. Son momentos que llevarás contigo, esa belleza del cuerpo infantil sereno, las manos entreabiertas.

Haz que la hora de irse a dormir algo bueno, reíd juntos, hazle un poco de cosquillas, hablad del día, lee otro capítulo del libro y deja que todo sea un acontecimiento agradable. «Uf, es hora de irse a dormir» es más exigente que centrarte en el valioso tiempo que pasáis juntos.

Para algunos es imposible dedicar mucho tiempo a irse a dormir, y si es así no pasa nada. Si tienes cuatro hijos, no puedes tumbarte junto a cada uno de ellos y pasarlo bien toda la noche, tendrás que hacer lo que puedas. Si te parece agradable tumbarte junto a tu hijo y sujetarle la mano, está bien, si no tienes ocasión porque están pasando muchas otras cosas, eso también está bien. Haced lo que os venga mejor a vosotros.

Algunos niños se tranquilizan con facilidad, otros necesitan una mantita y su peluche, o una mano que lo acaricie un poco. Encuentra qué es lo que le gusta a tu hijo, debes saber que no hay una sola respuesta correcta.

Y recuerda esto: en tu ciudad hay muchas camas infantiles que se quedan vacías cada noche. La necesidad de cercanía, de volver a olfatear a los padres sigue siendo grande.

El niño suele dormir sin problemas en su propia cama cuando ha cumplido los dos años, pero ninguno permanecerá siempre allí, y tampoco hace falta que sea así. El sonido de esos piececitos moviéndose hacia tu cama tiene que ser uno de los más bonitos que existen.

Y relájate, pronto todos dormirán en su cama toda la noche.

¿Cuánto y durante cuánto tiempo?

Los niños de esta edad duermen entre diez y trece horas al día, es lo habitual, porque los días son largos y exigentes para sus pequeños cuerpos, y la mayoría se tomará un descanso extra durante la mañana hasta que tengan unos tres años. Pero también en esta faceta hay grandes diferencias. Muchos padres se sienten inseguros sobre qué hacer durante los periodos en los que sus hijos tienen problemas para dormir. Y no es fácil saber cuál es el problema cuando tanto los niños que no necesitan dormir, como los que están demasiado cansados, reaccionan oponiéndose a ello.

Hay algunos indicios que puedes observar: los niños que se despiertan y están completamente despejados en medio de la noche suelen estar demasiado cansados y es probable que necesiten dormir más por el día. Puedes compararlo con las etapas que puedes pasar de adulto cuando el trabajo o la vida privada te dan problemas y te despiertas preocupado. Es un indicio de que tienes demasiadas tensiones, que están pasando demasiadas cosas en tu vida. El sueño durante el día es un momento de descanso importante para los niños de dos y tres años, porque a lo largo de la jornada se producen muchas novedades, palabras, personas y frases nuevas, por lo que si les privas de esa pequeña pausa demasiado pronto, notarás que están intranquilos por la noche. Cuando queráis eliminar la siesta diurna, es bueno consultarlo con el personal de la escuela infantil, pues ellos saben cómo funciona el niño por el día, y puede que convenga reducirlo poco a poco.

Es cansado tener niños que son difíciles de acostar, pero la solución más eficaz es acostarlos a su hora. Asegúrate de que han comido bien y de que tengáis un ritual para iros a la cama que resulte agradable y que haga que pueda dejarse llevar por el sueño y soñar.

Lo más importante es, sin duda, que el niño esté bien el tiempo que pasa en la escuela infantil, por lo que debéis estar pendientes de él: si necesita una siesta, que se la eche, pero si parece que está activo y alegre, puedes dejar que se la salte.

También está bien saber que podemos hacer diferencias entre los días de diario y el fin de semana. Es más fácil que los niños acorten o prescindan de la siesta durante los días de descanso y las vacaciones que hacerlo en la escuela infantil, y la razón es que hay mucha más tranquilidad en casa que en la escuela.

Terrores nocturnos

Uno de mis hijos pasó una fase en la que se despertaba en mitad de la noche y gritaba presa del pánico. Vivimos en un bloque de pisos viejo, en el centro, y se oye bastante a los vecinos. No pasa nada. El problema de mi hijo era lo que gritaba. Cada noche se repetían las mismas exclamaciones: «¡No papá! ¡Tú no, papá! Otra vez no, ¡no quiero!». No sé si alegrarme o sentirme decepcionada por que ninguno de los vecinos avisara a los servicios de protección de menores. El caso es que se acabaron; de hecho, los terrores nocturnos no son algo de lo que preocuparse. Cuando la fantasía llega con fuerza, uno se puede quedar enganchado en un lugar entre el sueño y la vigilia en estas pesadillas. No quiere decir nada: los sueños no tienen su punto de partida en la realidad, no indican que algo vaya mal. Lo único que cuenta es tranquilizar. No sirve hablar con sensatez, solo hay que estar allí, tal vez con un peluche o un beso, tal vez tarareando o hablando con calma. Debes saber que los terrores nocturnos se pasan, solo quiere decir que en esta fase la imaginación se desborda.

También es bueno saber que el niño no recuerda nada de lo ocurrido cuando por fin llega el día, pues lo olvida todo. (Y si alguno de mis antiguos vecinos por casualidad lee esto, espero que le dé una cierta tranquilidad de espíritu.)

EL SUEÑO, AÑO A AÑO

2 AÑOS

El sueño no es siempre lo más sencillo a esta edad: tienen tantas cosas de las que ocuparse, tanto que investigar, que es difícil para el niño calmarse y dejarse ir. Necesita que mamá o papá lo tranquilicen, poder tener sus ritos y su peluche favorito que abrazar. No habrá otra edad en la que irse a dormir lleve tanto tiempo como ahora. También es habitual despertarse muy temprano para disponer de algo más de tiempo con sus adultos favoritos antes de que el día os lleve a cada uno por vuestro lado.

3 AÑOS

El sueño suele ser un tema menor para los niños de tres años. Concilian el sueño con más facilidad y duermen mejor que antes. Pero no es infrecuente que se pasen por la cama grande de los padres durante la noche, donde saben que está la seguridad.

4 AÑOS

Ahora es cuando el sueño de verdad empieza a estabilizarse para la mayoría. La pequeña siesta de la mañana ya no se produce, por lo que los días son algo más intensos. Ocúpate de acostarlos pronto, pues un sueño insuficiente lleva a los niños a dormir peor y se hace mucho más difícil conciliar el sueño al día siguiente. Ahora, muchos niños duermen sin pañal, y puede ser necesario para el pequeño ir al baño antes de que se acuesten los adultos.

5 AÑOS

Al niño de cinco años le suele encantar la hora de irse a dormir, pues el valioso tiempo a solas con el adulto suele darse ahora más por la noche que por la mañana. Por eso, debes intentar hacer del rato de irse a dormir un tiempo para el cariño, la lectura y el asombro compartido. Y debes recibir con amor a un niño de cinco años que sigue necesitando seguridad también por la noche. Nunca vienen a ti para molestarte, lo hacen porque la noche es larga y está llena de sueños.

¡HUMOR!

Se produce una evolución enorme en lo que hace que tu hijo se ría: de la risa desbordada del niño de dos años cuando aparece un rostro de forma inesperada, a la risa casi imposible de parar de un niño de cinco que ha comprendido un chiste. Reír juntos es la vía más rápida para sentir que nos pertenecemos, nos dice que compartimos algo, que estamos bien.

Asegúrate de que os reís juntos, pero estate preparado para que el humor del niño sea eso, humor infantil. Puede ser tan banal que te preguntes si de verdad es posible reírse de algo así, y la respuesta es «sí», porque para tu niño significa mucho que os riais juntos.

También debes tener presente la diferencia entre *reír con* y *reírse de*. Si te ríes del niño, le harás sentir inseguro y solo. Le pasa como a nosotros, los adultos, en especial cuando es difícil comprender qué es lo que resulta tan divertido. Es por eso que creo que no debes publicar en redes sociales fotos de tu hijo cuando ha entendido mal cómo se usa una batidora manual, o se ha vestido solo y no le ha salido bien.
No lo conviertas en un entretenimiento para ti y para otros. El humor está para reforzar el lazo entre el niño y tú, no entre los adultos.

Lo que nos hace reír cambia de familia en familia, pero su desarrollo es, más o menos, el siguiente:

El niño de dos años:
Básicamente se ríe de lo inesperado. Animales con el cuerpo equivocado para su cabeza, un elemento sorprendente en una historia, o cuando algo aparece en un lugar totalmente erróneo. También se ríen de lo mismo una y otra vez. Si algo es divertido, lo será durante semanas.

El niño de tres años: Más o menos a los tres años y medio comprenderá su primer chiste. Para muchos las imágenes y los chistes directos, mejor si hay algo inesperado, es lo más divertido. Y, sobre todo, la mayoría pasa por una fase de humor caca, culo, pedo, pis. Se les pasará, pero ríete con ellos mientras dure.

El niño de cuatro años:
Ahora empieza a entender las inocentadas y situaciones cómicas entre animales o personas. Verás que comprende más del mundo que lo rodea, y que situaciones más complejas se incorporan a su sentido del humor.

El niño de cinco años: Ahora, las diferencias individuales se manifiestan más. El rango de cosas de las que el niño se ríe es mucho mayor. Los chistes que comprende son divertidísimos. Se fija mucho más en de qué se ríen los niños mayores, empieza a ir hacia arriba, también en el humor.

TIEMPO FRENTE A LAS PANTALLAS

Uno de los grandes temas en estas edades, es cuánto tiempo frente a las pantallas puede pasar un niño: ¿Qué podemos hacer para limitarles el tiempo de exposición? ¿Por qué no prefieren salir a jugar? En todas partes los padres se hacen las mismas preguntas.

No tengo la respuesta a cuánto tiempo debe poder pasar con una tableta un niño de tres años, pero creo que la pregunta esencial es: «¿Qué más hacéis?». La tableta en sí no constituye ninguna amenaza, es un lugar increíble para jugar y aprender, una burbuja en la que al niño le viene bien poder pasar un poco de tiempo, pero no debe ser el único lugar del que disponga para tener esas experiencias. Debes crear otros escenarios: necesita moverse, jugar dentro y fuera de casa, perderse en la fantasía. Una de las cosas que adora de la tableta es que es un lugar de libertad, donde puede establecer sus propias condiciones, sin padres que controlen. Asegúrate de ofrecerles esas experiencias de libertad también en otros lugares: dales espacio, tiempo propio y autonomía cuando veas que están listos para ello.

Lo ideal para controlar el tiempo de pantallas es proponer otras cosas, no instaurar reglas como que solo puede utilizar las pantallas una hora al día. «He dicho que no puedes jugar más que esto» no resulta tan eficaz como: «Vamos a salir a montar en trineo. Entiendo que te diviertes y quieres jugar más, pero también tenemos que salir. Termina ese juego y luego saldremos juntos».

Eres tú quien debe abrirles al mundo que está fuera de la pantalla. Tú sientas las bases de cómo los niños afrontan su vida. Muéstrales la magia del papel, pues en los libros está lo que necesitan de conocimientos y concentración. En la red encontramos todo el conocimiento del mundo, pero no la concentración. Léeles de manera que experimenten la fuerza de una historia, llévales a lugares donde puedan sentir lo divertido que es moverse, lo divertido que es jugar con una pelota, subirse a un árbol, encontrar arándanos azules, coger flores, tocar el agua, cruzar un puente, comprar un bollo en una pastelería. El niño necesita todas estas otras cosas, y eres tú quien debe mostrarle el camino.

★

EL AUTÉNTICO APRENDIZAJE TIENE LUGAR JUNTO CON LAS PERSONAS. A LOS NIÑOS NO LES BASTA SOLO CON LAS PANTALLAS, NECESITAN QUE ESTÉS CON ELLOS.

Si tú mismo estás ensimismado en una pantalla todo el rato, no tendrás credibilidad alguna; debes dar ejemplo haciendo otras cosas. Por supuesto que entiendo que es tentador ponerle otro episodio más de su serie y tener media hora extra de tranquilidad, pero si recurres a ese truco con demasiada frecuencia, el niño perderá la capacidad de pensar en cosas que hacer por sí mismo, esperará a que lo entretengan, y ese es un mal punto de partida para una vida feliz.

Suele ocurrir que las personas que empiezan algo obtienen más que las que se quedan a la espera.

Prohibiciones

Un conocido se ha ocupado de que sus hijos de cuatro y seis años no hayan tenido acceso a pantallas: ni televisor ni tableta, y él mismo solo utiliza el ordenador para trabajar. Lo hemos hablado y estoy expectante por saber cuánto tiempo durará. Lo que es seguro es que la prohibición con frecuencia obtendrá el efecto contrario cuando el niño tenga edad de decidir por sí mismo: si nunca coméis comida basura, el chico de quince años se atiborrará; si al adolescente se le niega probar el alcohol, se emborrachará hasta perder el sentido cuando tenga edad suficiente.

Creo que ahora estás sentando las bases de cómo manejará tu hijo el uso del móvil, la red y los juegos, que llegarán más tarde. Por eso, prohibirlas o evitarlas por completo es una vía dura y aislante para él, y, en cierto modo, poco realista, pues la tecnología y las pantallas son una parte importante de nuestras vidas. No obstante, hay que enseñarle que no pasa nada por estar sin pantallas un rato, ya que volverán, además de que hay otras cosas ahí fuera.

Se trata de una problemática a la que se enfrenta la mayoría de los padres, y no será menor en los años venideros. Una madre desesperada me contó que un videojuego estaba a punto de desestabilizar a toda la familia. El mayor, de ocho años, se sentaba ante la videoconsola tan pronto llegaba del colegio y sus hermanos pequeños iban detrás. No escuchaban a su madre, no querían ir a la mesa cuando la cena estaba lista, estaban completamente absorbidos por el videojuego. Si intentaba limitar el tiempo, se peleaban, lloriqueaban y había mal ambiente. Sentía que estaba condenada a perder, los videojuegos eran siempre más divertidos y emocionantes que lo que ella les ofrecía. ¿Qué límites podía poner?

Si eres demasiado estricto y les niegas a los niños la posibilidad de jugar al ordenador, perderán el contacto con los amigos y ese mundo de fantasía con el que juegan y del que hablan los otros niños. Ahora bien, si los juegos son incontrolados, están diseñados para absorbernos, se hacen con todo nuestro tiempo y toda nuestra imaginación, sobre todo entre los niños. Si añades la televisión y YouTube, es fácil perderse en un mundo virtual, pues resulta estresante para un pequeño cerebro, y allí dentro habrá poco contacto humano y el niño no estará seguro, no se encontrará bien.

No hay una sola manera de solucionarlo. Cada familia es un mundo en cuanto a las actividades que les gusta llevar a cabo, a lo que genera unión entre ellas; pero si algo se convierte en un conflicto, eres tú quien debe tomar el control, mostrar cómo podéis mejorar las cosas y consolar a quien haga falta cuando todo estalle.

Al niño le vendrán bien la pantalla y los videojuegos, pero también necesitará usar el cuerpo y la fantasía en otro lugar. Las dos cosas son importantes y lleva tiempo alcanzar el equilibrio entre ellas. Estas son algunas cuestiones útiles para encontrar qué es lo que funciona para vosotros:

1. La regla número uno es familiarizarte con el videojuego. Muchos no se pueden interrumpir cuando quisieras porque lo que han hecho hasta el momento no se almacena, o simplemente no quieren parar hasta dejar en la estacada a un amigo en una batalla que (para ellos) es importante. Lee acerca del videojuego, pruébalo tú si puedes, comprende su lógica: si entiendes el mundo en el que se desenvuelven será más fácil poner límites.

2. Ofrece otras actividades. Todas las otras cosas que hacéis reducen el tiempo de juego. En la edad preescolar a los niños les sigue gustando jugar, dibujar, leer y charlar contigo. Asegúrate de que lo haces.

3. Es fácil dejar que los niños jueguen para que tú tengas paz. Pero si pasan demasiado tiempo frente a la pantalla, se intranquilizan y les costará iniciar otras actividades. Salid pronto de casa los sábados y los domingos.

4. Habla con los niños de los videojuegos desde la edad preescolar. ¿Qué hace que sea divertido y por qué no es buena idea hacer solo eso? Del mismo modo que no podemos darles a los niños solo postre para comer, debemos enseñarles que los videojuegos forman parte del mundo sin ser todo el mundo.

Procesar

Cuando eran más pequeños, mis hijos jugaban en su cuarto a que jugaban con los videojuegos, para lo que utilizaban piezas de madera como mandos y hablaban de todo lo que veían en la pared.

Cada vez que el niño está en una situación estructurada, sea porque le hayan leído, haya jugado a videojuegos o ido a hacer gimnasia, debe tener la posibilidad de procesar esa circunstancia. Y los niños lo hacen de forma completamente natural a través del juego, pues es así como se conocen de verdad a sí mismos y lo que hacen. Si habéis leído un cuento, después verás que toma elementos que le resultaban algo complejos o suponían un reto y los incorpora al juego, el dibujo o la escenificación. Así prolonga las historias, procesa lo que ha escuchado, interpreta las situaciones y las convierte en algo que puede comprender. Este tiempo es esencial para todos los niños, y también por eso los videojuegos dan un poco de miedo:

están diseñados para fascinar, para retener al niño, y por eso consumen mucho tiempo.

Una de las razones por las que es un error pasar demasiado tiempo ante la pantalla es que se lo roba al imprescindible juego libre. Reduce las horas que el niño tiene para comprender y aprender, para procesar sus impresiones.

Tus redes sociales

En cuanto a cómo utilizas tú el móvil y la cámara, hay una regla: no conviertas al niño en un objetivo. Seas o no una persona que publica fotos de sus hijos, antes que nada debes ver a tu niño sin que el móvil o el objetivo de la cámara se interpongan entre vosotros. Tus hijos necesitan tiempo cara a cara, te necesitan a ti. No podría importarles menos lo que tus amigos piensen de ti en redes sociales. Es un verdadero peligro estar todo el tiempo pendiente de las reacciones de otros, de pulgares levantados y caras que sonríen, porque las cosas más importantes de la vida suceden fuera de la pantalla. La vida real se vive con contacto visual y con calor mutuo aquí y ahora. Es aquí donde tu hijo te necesita.

LOS BUENOS ELOGIOS

Tienes muchos deseos de contarle a tu hija lo fantástica que te parece, lo que te alegras de que esté en tu vida, y quieres demostrarle que estás pendiente, que eres consciente de todos sus logros. Así, muchos acabamos diciendo: «¡Qué bien lo haces, qué lista eres!», pero llega un momento en el que lo hacemos con el piloto automático puesto: «¿Has hecho un dibujo? ¡Qué bien lo haces, qué lista eres!», «¿has construido una pista de tren? ¡Qué bien lo haces, qué lista eres!», «¿has acabado un puzle? ¡Qué bien lo haces, qué lista eres!».

Es un elogio al que uno recurre cuando no se le ocurre otra cosa, y normalmente funciona, a corto plazo. Intento explicarles a los padres que «¡Qué bien lo haces!» en realidad no es una buena manera de elogiar, pues no le ofrece nada a tu hijo, porque, para empezar, se dará cuenta de que solo lo dices por decir. Decirle que es lista es una solución fácil cuando tu hija necesita que la animen, pero pronto perderá fuerza, ya que tan solo es una palabra. Y además, y esto es lo más importante, le das a la niña la impresión de que «ser lista» es el objetivo y que por eso la quieres: «Ahora lo haces bien, ahora eres lista, ahora te quiero, ahora te portas correctamente».

Y tu hija intentará mantenerse en esa casilla de competencia, no se atreverá a intentar cosas que no sepa hacer, será prudente y evitará situaciones en la que pueda resultar «no lista». Los niños que aprenden que conviene ser así llevarán peor los contratiempos, se atreverán menos y se rendirán con más facilidad. Y todas las veces que se vean en una situación en la que no se sientan tan listos, lo verán como un problema.

Lo que quiero decir es que los niños desarrollan habilidades probando y fallando, cuando hacen un esfuerzo adicional, cuando les dais permiso para aprender cosas nuevas, mientras pueden verse reflejados en el cálido entusiasmo de sus padres. Lo que tu niño necesita es posibilidad, valor y dedicación. Creer que tienes que ser listo y hacer las cosas bien para mantenerte dentro de esa clasificación no favorece la evolución.

En lugar de eso, debes predisponer las cosas para que la niña lo intente y que le pueda salir mal, sin regañar ni condenar cuando no triunfe: si hoy no es capaz de abrocharse los botones, puede que lo sea mañana; si el dibujo no sale como estaba previsto, puede que salga bien mañana. Decirle todo el tiempo «¡Qué bien lo haces, qué lista eres!» es aparcar a tu hija.

Intenta decir otra cosa, comparte la alegría de que algo salga bien: «Guau, ¿te ha salido? ¡Qué divertido!». Tu hija no quiere saber si es lista o no, quiere que participes, que la veas, que compartáis algo. Y así deseará alcanzar otras metas y mejorar.

LOS DIVORCIOS Y COMPARTIR LOS HIJOS

A veces las cosas no salen. En ocasiones, estos años tan acelerados te hacen ver aspectos de tu pareja con los que ni quieres ni puedes seguir viviendo. O tal vez os impacten otras cuestiones: una enfermedad, un enamoramiento, problemas que no podéis manejar. Algunas relaciones se terminan, así es, sin más. Y tras los divorcios justificados, todos son más felices. También el niño.

Si cuando os divorciáis vuestro hijo está en edad preescolar, eso también tiene sus ventajas, pues es lo bastante pequeño como para aceptar las soluciones y las explicaciones que le deis, lo que hará que todo sea un poco más sencillo. El reto es construir una buena vida por muchos años más y para todos. Debéis formar una familia con dos núcleos donde el niño se encuentre bien. Lo favorable que resulte un divorcio solo pueden decidirlo los ojos del niño y esa respuesta no la tendréis hasta dentro de quince o veinte años. Vuestro objetivo es que el divorcio le parezca aceptable a vuestro hijo el día que él o ella sean adultos.

Los niños en edad preescolar son lo bastante mayores como para necesitar pasar tiempo con los dos progenitores (siempre que funcionen como cuidadores), y también precisan que sus padres no discutan por ellos. Diría que una de las cosas más dañinas que afectan a los niños de hoy es convertirse en el centro de un conflicto, pues los interrogan el sistema judicial o las autoridades y tienen que tomar partido, mientras que los padres intentan convencerles de que están mejor con cada uno de ellos. Es muy estresante para un niño. Y por supuesto que es difícil para los adultos solucionarlo de un modo satisfactorio. Un niño es, indivisible, pero muchos, en la práctica, se ven obligados a encontrar un sistema de división que funcione para todos.

Desde el día en que la ruptura es un hecho debes pensar que «vamos a hacer algo imposible, pero estamos obligados a que nos salga bien porque el niño lo necesita». Se pueden discutir los porcentajes, el número de días y fines de semana y todas esas cuestiones, no es fácil saber qué es lo que da mejor resultado, y, en todo caso, variará de una familia a otra. No obstante, lo que sí sabemos con un ciento por ciento de seguridad es que los niños que tienen oportunidad de conocer a sus dos padres se sienten mejor consigo mismos. Para los recién divorciados se trata de facilitar el contacto diario tras la ruptura: vivid cerca, hablad sobre las cuestiones prácticas y no mezcléis el sentimiento de traición o derrota en las discusiones sobre economía u horarios que hay que cuadrar. Buscad ayuda de amigos o profesionales para afrontarlo, pero mantened un canal práctico que asegure que la vida de vuestro hijo está bien atendida.

Ayudar a tu hijo a pasar por una ruptura exigirá mucho de ti, pero es un trabajo en el que debes empeñar todas tus energías. Los niños que acaban entre un fuego cruzado, de los que tiran una madre o un padre, o los dos, y a los que intentan manipular sentirán que no valen nada y se convertirán en algo por lo que se pelea, no alguien con quien se convive. Si esta es tu estrategia no tengo mejor descripción de lo que ocurre que esto: hundirás a tu hijo.

Es imposible desarrollar una buena autoestima cuando eres objeto de una batalla en lugar de un miembro de una familia.

Sé que es fácil dejarse llevar en estas situaciones, es doloroso verse abandonado, y también se sufre al ser quien se marcha. La ira, la traición y el enfado te pueden invadir, es comprensible. Pero yo que lo veo desde el otro lado del diván, te aseguro que es una de las cosas más destructivas que podemos hacer con nuestros hijos.

¿Qué debes intentar lograr? Lo más importante es que el niño esté a gusto en sus dos casas, pero también que puede allí enfrentarse a conflictos, discutir, llorar, sonreír y tener una vida plena, aunque sus padres hayan tomado caminos separados. Muchos hijos de divorciados se sienten como invitados cuando llegan a casa de una madre o de un padre que han preparado todo para ellos, que tienen tantas ganas de verlos que han comprado su comida favorita y tienen listos los dibujos animados que más les gustan. No precisan esa sensación de llegar a un hotel de vacaciones, necesitan un *hogar*, o, mejor dicho, dos *hogares*. Necesitan poder dejar caer la máscara, estar de mal humor y comer cualquier cosa preparada en el último momento de vez en cuando.

Los niños de esta edad se adaptan a ti con facilidad, ven cuánto has esperado ese momento, y no se atreven a portarse de otro modo porque perciben tu ansiedad.

Muchos adultos lloran amargamente en su primer fin de semana sin niños. La vida sin ellos puede percibirse como carente de sentido, no es raro que sientas que va contra natura y que saque a la luz aspectos de tu personalidad de los que no te sientas orgulloso. Pero cuando es así, estáis obligados a encontrar un modo de hacerlo funcionar. Se lo debéis al niño.

La nueva pareja

De vez en cuando viene a verme un chico llamado Erik, que es tan tímido que baja la mirada cuando sonríe. Sus padres se separaron cuando tenía dos años, eran jóvenes cuando lo tuvieron. Después de eso, su madre ha compartido su vida con muchos hombres. Recuerdo que en una ocasión hablamos de un padrastro que tuvo a los trece años al que no le gustaba Erik, lo que se convirtió en un problema, claro; por suerte, la madre acabó tomando partido por su hijo: «No puedo estar con un hombre al que no le gusta mi hijo», explicó, y dejó al novio. Ese momento fue increíblemente importante en la vida de Erik aunque no quiere centrarse en ello; la verdad es que lo contrario le habría destruido. Gracias a que su madre tomó partido por él en aquella ocasión hoy se ve a sí mismo de otra manera, ve algo que merece la pena defender.

Es difícil incorporar una nueva pareja a la familia, pues no hay ninguna garantía de que le guste tu hijo, da igual lo fantásticos que él o ella te parezcan cuando estás enamorado. Ser adulto en la vida de un niño exige esfuerzo, interés y, en la mayoría de los casos, experiencia y práctica. Si no tienes hijos propios, puede resultar difícil entender todo lo que otros padres han vivido, los conocimientos que han ido adquiriendo con los años. Y es fácil ver a un niño de tres o cuatro años o una de trece como un estorbo.

El padre o la madre biológicos deben entender que hacer funcionar una nueva familia consiste en que el niño se sienta aceptado, y la nueva pareja debe aprender cómo se juega con el niño, cómo se le da seguridad, cómo se comunica con él.

No puedes incorporar a tu pareja a la casa y a la familia demasiado pronto, hazlo despacio, asegúrate antes de que él o ella funcionan con los niños. Y dale espacio y tiempo para encontrar una manera de construir un lazo con tu hijo.

EL LENGUAJE DE LOS ADULTOS

Los adultos pueden hablar entre ellos de un modo distinto al que emplean para dirigirse a los niños. Con un adulto puedes ser más brusco y directo, pues puede tomarse lo que dices con cierto escepticismo y saber qué hay detrás de tus palabras, además suele considerar que tiene razón. Por el contrario, los niños pueden asustarse un poco ante la manera adulta de hablar, pues no piensan que lo saben todo, el mundo es nuevo para ellos, están dispuestos a probar cualquier cosa. Por eso, nunca no debes pretender hablar a un niño como lo harías a un adulto, sino intentar hacerlo de una manera que le posibilite saber qué quieres decir, que no asuste.

De hecho, a un niño pequeño le hablamos diferente y, de manera espontánea, imitamos sonidos y reproducimos un lenguaje que poco a poco irá tomando forma. Cuando el niño crece y su lenguaje mejora, sigue necesitando que le hables de una manera que pueda comprender.

HABLA DE TODO

A los niños les gusta hablar de lo que sea y que les escuchen. Cuanto más se acercan a la edad escolar, más se preguntan por cómo se relacionan las cosas en el mundo que los rodea y más cuestiones te plantearán. A unos padres se les da mejor charlar que a otros, tal vez tuvieron unos padres que podían hablar con facilidad con ellos de casi cualquier cosa, otros no están acostumbrados a verbalizar nada.

En mi opinión, debería poder hablar con el niño de todo. Si siente curiosidad, debes responder con tanta sinceridad y claridad como sea posible, incluso sobre el principio y el final de la vida (y todo lo que ocurre entre medias), con las palabras que tenemos para ello.

Para empezar por el principio: habla de sexo desde el momento en que el niño pueda entenderlo. Saber lo que son los genitales de una niña y de un niño supondrá una ventaja para él, y no importa cómo lo hagas, pero ofrécele una explicación clara y comprensible. Hablar con un niño de dos años de que su pito se pone tieso es bastante fácil, con uno de seis es más complicado y con uno de catorce, prácticamente imposible. No hace falta que escojas el viejo rodeo de «la abeja y las flores». Habla del cuerpo, de lo que ocurre con él, y utiliza las palabras a nuestra disposición, el niño lo comprenderá a su nivel.

Cuando mi hijo mediano tenía tres años, murió mi suegro. Mi marido estaba sentado en el sofá, llorando, y nuestro hijo nunca había visto a su padre llorar. «El papá de papá murió anoche, y ahora papá está muy, muy triste», dije yo. Entonces, nuestro hijo se acercó a su padre, apoyó la cabeza en su regazo y lloró con él. Tuvo intuitivamente la percepción de que aquel era un sentimiento que debía compartir, comprendió que a los seres humanos les ayuda llorar juntos.

Siempre aconsejo a los padres incluir a los hijos en todas las celebraciones y acontecimientos importantes para la familia: bodas y entierros. Los niños deben poder participar en la pena de perder a sus allegados. Así es formar parte de una comunidad: nos alegramos juntos, pasamos el duelo juntos.

También es mucho más fácil hablar de la muerte con un niño de cinco años que con uno de ocho. El niño en edad escolar está más enfocado a los hechos, mientras que el mundo de un niño de cinco está más abierto al misterio. ¿Qué pasa cuando morimos? ¿Adónde vamos? Tal vez sigamos vivos de algún modo, tal vez no, el niño de cinco años está abierto a todo.

El arte de conversar

Me encuentro con muchos padres que dicen que es difícil hablar con sus hijos: no saben qué preguntarles, qué temas les interesan, les parece complicado dar con un tono que mantenga viva la conversación. El viaje de los dos a los seis años es enorme en cuanto al lenguaje y la comunicación, y cuanto mayores se hagan, mayores serán las diferencias entre ellos. Es difícil decir en qué preciso momento da cada niño los distintos pasos por ese camino, pero lo que es seguro es que necesitan y disfrutan de hablar contigo, y esto se aplica al principio, antes de que lleguen las palabras, y también cuando las palabras y los pensamientos se unen cada vez más. El secreto está en encontrar un tema del que el niño quiera hablar y no tener grandes expectativas: un niño de dos años puede mostrar poco interés, mientras que el de cinco hablará sin parar de cómo ha ido su día y sobre cualquier otra cosa.

Cuando el lenguaje empieza a asentarse, debes darles a los niños pequeños incentivos, cosas a las que puedan engancharse. No puedes preguntarles por el sentido de la vida, pero sí interesarte lo bastante por su vida como para tener un punto de partida: utiliza su horario semanal como referencia, mirad fotos de la escuela infantil juntos, emplea lo que encuentres para ayudarte. Lo que menos le gusta a un niño pequeño son las preguntas con porqués, de ahí no saldrá nada. Las respuestas «sí» y «no» tampoco crearán un diálogo, a la larga recordará más a un interrogatorio, y eso no es muy agradable. Debes buscar otra manera de mantener una conversación: «He visto que hoy has salido de excursión con la escuela infantil. ¿Adónde habéis ido? ¿Qué habéis hecho?», o: «¿Era Nick el encargado de hacer la comida hoy en la escuela infantil? ¿Qué ha preparado?». Con frecuencia, los niños contarán cosas completamente distintas a lo que en verdad habías preguntado, y entonces debes prestar especial atención y hacer un seguimiento, porque eso es precisamente lo que importa, lo que el niño quiere que oigas.

Los niños necesitan aprender cada vez más palabras para referirse a lo que sienten, para poder hablar de ello. Sin un lenguaje para referirse a cómo es su vida, no tienen ninguna posibilidad de pedir ayuda cuando las cosas se ponen difíciles.

Muchos niños de dos y tres años están tan enfocados al momento, al aquí y ahora, que les parecerá bastante absurdo hablar de lo que ha sucedido durante el día, pero es tarea tuya interesarte lo bastante por su vida como para ayudarles a hablar. Debes demostrarles que estás allí, que les escuchas, que estás pendiente y aceptas las respuestas que te puedan dar.

Las conversaciones deben crear un rato agradable, no un interrogatorio mecánico. En todo caso, lo más importante para el niño es que escuches y sigas lo que dice, porque si ve que no te interesa, dejará de hablar contigo y te perderás su etapa de la fantasía, y tampoco hablará contigo de lo que pase en su vida cuando se haga mayor. Si sueñas con tener un adolescente que hable contigo de todo, él o ella deben acostumbrarse desde ahora, y la clave está en que necesita sentir que te interesa: cuando vuelve de la escuela infantil con un dibujo incomprensible, no debes meterlo en el fondo de la mochila, sino estirarlo muy bien y ponerlo en tu bolso, y una vez en casa, podéis mirarlo juntos. El niño le ha dedicado todo su día, demuéstrale que para ti significa algo. No te limites a decir que es estupendo o que tu hijo es listo, mejor pregunta de qué es el dibujo, cómo lo ha hecho, participa mostrando interés auténtico. De esa manera, un monigote pasa a ser el arte de estar juntos.

¿Los niños siempre dicen la verdad?

Debes escuchar lo que los niños dicen, pero ¿has de creer todo lo que digan? En la época preescolar están en la edad de la imaginación, por lo que mucho de lo que llevan dentro es una mezcla de sentimientos, fantasía y realidad. Muchas veces juegan para expresar las cosas que les resultan difíciles, y puede ser complicado saber si el juego refleja lo que realmente está ocurriendo o algo que se alegran de que no haya sucedido.

Una de las parejas que vienen a verme se separaron tras una infidelidad. Fue una ruptura dolorosa, y con muchas sesiones de intermediación para poder organizar el cuidado de los hijos de cuatro y un año de edad. Ella no confiaba en su exmarido y un día su hijo de cinco años llegó a casa diciendo que la nueva novia de papá le había pellizcado y tirado del pelo. La madre se puso furiosa y se opuso a que el padre tuviera a sus hijos en casa. El padre no podía comprender de dónde había salido esa historia, su nueva pareja no había estado a solas con el niño y además parecía que se adoraban. ¿De dónde había salido aquello?

No es fácil descubrir la verdad. Como adulto debes ver la situación en su conjunto e interpretar lo que dicen los niños de manera que el significado subyacente salga a la luz. Además, has de ser capaz de separar tus propios temores de lo que sea que experimente tu hijo: si dice algo que te intranquiliza, tu misión más importante es escuchar lo que te está comunicando, sin apresurarte a gritar tu conclusión. «Uf, ¡qué dolor! Y cuéntame, ¿qué pasó?» suele ser casi siempre la mejor pregunta para mantener abierto el diálogo. Cuando el niño acabe el relato, puedes decirle que ya hablaréis de ello más adelante, y deberás valorar: «¿De dónde ha salido esto? ¿De qué se trata?».

La madre del pequeño habló con el personal de la escuela infantil y le contaron que acababan de leer un cuento en el que a un niño su madrastra le tiraba del pelo: ¿podía ser ese el origen? También le contaron que el niño había estado intranquilo los días en que iba a pasar de vivir con su madre a hacerlo con su padre, y al contrario. Estaba claro que esas transiciones le resultaban duras. Cuando llegaron a casa, le preguntó a su hijo si le resultaba difícil vivir en dos sitios, a lo que respondió que sí, y contó que la novia de papá le gustaba, pero que tenía miedo de que a mamá no le gustara que estuviera bien allí.

El mensaje era importante: el niño no era capaz de relajarse del todo porque sabía que su madre no estaba bien. La historia que había escuchado en la escuela infantil pasó a ser algo que contaba para que su madre estuviera contenta, a pesar de que acabó por causarle preocupación.

Lo último que necesita en una situación así es que lo acusen de mentir, solo ha contado algo como lo hace un niño de cinco años. Los pequeños necesitan que los escuchen, pero solo son capaces de avisar de que algo no va bien a su manera. Si no escuchas cuando están pasando por un problema, los estás traicionando, y si crees que todo lo que dicen es cierto, no estás teniendo en consideración su edad y su madurez.

¿Por qué es tan importante hablar de sentimientos?

Hace un par de días un adulto estaba sentado en mi consulta. Tenía la mirada fija en la mesa. Su mujer se encontraba a su lado. Llevaban muchos años casados. A él le costaba dar con las palabras, era como si fuera incapaz de explicar cómo estaba, como si los sentimientos no tuvieran nombre. Cada vez que sucedía algo en su relación, él reaccionaba quedándose en silencio, y ella sentía que se estaba distanciando. Él no era capaz de describir cómo estaba con otra palabra que no fuera «bien».

En mitad de la sesión levantó la vista y miró desesperado: «No sé qué me estás pidiendo. Nadie me ha preguntado nunca cómo estoy deseando que contestara con sinceridad. Por eso digo "bien", y hasta ahora ha funcionado. Pero entiendo que desaparezco para mi mujer, que me convierto en un envoltorio vacío».

Cuando te encuentres con el niño que no hace todo como debería, la niña que no quiere comer, la que pega y tira del pelo a los otros niños de la escuela infantil, el que te decepciona, el que no quiere dejar los pañales, el que muerde, el que se hace pis por la noche, el que es brusco e impaciente, el que se sabe todas las palabras malsonantes antes de tiempo, la que se cierra por completo, la que dice: «¡Te odio!».

Cuando te encuentres con estos niños, la solución nunca es apartarlos, darles la espalda o castigarlos, sino todo lo contrario: acércate más, mírales a los ojos, habla con ellos, permanecer a su lado. Porque, en realidad, estos niños solo están diciendo: «Hay algo en mí que todavía no habéis comprendido».

En realidad, fue un momento muy bonito, un primer y tímido paso hacia algo que este hombre adulto necesitaba ya de niño. Ahora es tarea mía ayudarle a ver que alguien se preocupa por él.

Cuando alguien te pregunta cómo estás, lo más fácil es contestar «bien», sea o no cierto. Entonces, ¿por qué es tan importante aprender a explicar con palabras lo que sientes?

Sé que a mucha gente le parece que nos centramos demasiado en los sentimientos. ¿De verdad que es necesario estar todo el tiempo pendiente de cómo experimenta el niño el mundo que lo rodea? Pienso que compartir un sentimiento, ya sea tristeza o alegría, es lo que más acerca a las personas. Es ahí donde está la intimidad, es así como contamos quiénes somos, es así como conectamos unos con otros.

Además recibirás mucho a cambio de reconocer tus sentimientos: te muestran el camino, te dicen lo que quieres o no quieres hacer, lo que te gusta y lo que quisieras poder evitar. Los sentimientos no siempre tienen razón, pero si no los reconoces, corres el peligro de decir que sí a demasiadas cosas, o de decir que no a muy pocas.

Tu hijo te necesita para aprender a reconocer sus sentimientos. Según se va haciendo mayor y su cerebro puede manejar más cosas, precisa más palabras para describir lo que siente, más conocimientos sobre lo que le sucede, y que afrontes sus sentimientos con respeto y amplitud de miras. Si consigues eso, le darás más posibilidades de dirigir su propia vida en el futuro. Le ayudarás a aproximarse a otras personas y a sí mismo.

Mucha gente cree que tener pensamientos positivos es reprimir los negativos. No es así. Los verdaderos optimistas creen que las cosas saldrán bien al final, *a pesar* de que sean difíciles ahora mismo. Los auténticos optimistas están presentes en la realidad, ven la importancia de la comunicación y la intimidad también en las situaciones difíciles. Las adversidades les dan valor para hacer lo necesario, les dan herramientas para invertir la situación. Los que reprimen lo que resulta difícil acabarán teniendo problemas para confiar en que las cosas acabarán por salir bien. Porque así es la vida: está llena de dolor, de conflictos, decepciones, enfermedad y penas de amor. Nada sale bien todo el tiempo. Si el niño aprende a reprimir las dificultades porque cree que no se pueden compartir, estará completamente solo el día que le pase algo doloroso. Y, a la larga, ningún niño soporta estar solo. Por eso debes acompañarlo en el viaje por sus sentimientos. Ayúdale a encontrar las palabras, haz que haya espacio, reíd y llorad juntos cuando resulte natural, trata de encontrar también las palabras difíciles. Habla de sentimientos.

Probablemente sea bueno para ti, es seguro que es positivo para el niño. Además, fortalecerá el lazo que os une.

ABUSOS Y RIESGO

Lo más perjudicial que puede suceder para la fe del niño en el futuro y la percepción de su propia valía es la tremenda invasión que supone un abuso sexual. Los niños tienen una sexualidad infantil, sienten curiosidad por el cuerpo y por los otros niños, pero no tienen deseos y sexualidad como los adultos, no la entienden, les asusta y les daña.

Los abusos sexuales suceden más a menudo de lo que creemos. Pero sabemos que si sucede, los daños se limitan si el niño puede contarlo, se le cree y se le ayuda a salir de la situación.

Si lo guardan como un secreto durante muchos años, se convertirá en un tumor maligno y doloroso que no deja de crecer.

Ante esto puedes hacer dos cosas:

1. **Darle al niño un lenguaje para referirse a la sexualidad**. Poder hablar de la vagina y del pene y saber cómo se hacen los niños, que los adultos están juntos de ese modo también cuando no fabrican un niño, que forma parte de la vida amorosa y de la vida adulta, hará que el niño tenga las palabras precisas si algo ocurre.

2. **Escuchar lo que dice el niño** cuando expresa que no está a gusto, después de haber estado con otros adultos. Esto vale también para gente a la que aprecias, como los abuelos o los amigos de la familia. La sexualidad pertenece a la esfera privada, hay aspectos de la vida íntima de los demás de los que no sabemos nada. Si le ocurre algo a tu hijo, preferirás protegerle a él antes que preservar una idea sobre otros de los que no sabes lo suficiente.

CUANDO LAS COSAS SON ESPECIALMENTE DIFÍCILES

Tal vez lleves un tiempo pensando que tu hijo no se desarrolla ni funciona como «otros niños». Puede que haya una causa conocida por ti: que fuera prematuro, o que tiene un defecto genético con el que poco a poco debéis acostumbraros a convivir. O puede que sea ahora, cuando tu hijo llega a una edad en la que es más fácil compararlo con otros, cuando se hace más evidente que algo es diferente.

Pueden ser muchas cosas, desde dificultades en el aprendizaje hasta molestias físicas que impiden un desarrollo normal, o una discapacidad física o psíquica. Algunos niños son diferentes, no evolucionan según la normalidad. En la mayoría de los casos no quiere decir nada, y algunas cosas que contemplamos ahora con preocupación no serán ningún problema. No obstante, porque es importante comprender al niño tal y como es, y porque la ayuda temprana, desde la edad preescolar en adelante, de veras puede contribuir a que los problemas no se desarrollen y pasen a ser mayores, es imprescindible actuar de inmediato. Pregunta al médico, la enfermera o los pedagogos de la escuela infantil: «¿Veis algo que pueda ser motivo de preocupación y, en ese caso, de qué podría tratarse?».

Elisabeth tiene una hija de dos años y medio maravillosa y activa, pero también es inquieta. La niña fue muy deseada, pero Elisabeth tenía pocos conocimientos sobre niños y sobre cómo educarlos: su propia hija fue el primer bebé que había sostenido nunca entre sus brazos. El parto fue bien y marchó a casa con un bebé sano, pero pronto mostró que era difícil calmarla, aunque Elisabeth pensó que así eran los niños. No fue hasta que otras madres comenzaron a hablar de niños que jugaban entre ellos y hacían construcciones con piezas cuando Elisabeth reflexionó sobre que su hija apenas acababa de aprender a andar. Y cuando se lo comunicó al personal de la escuela infantil le dijeron que su hija estaba menos en contacto con el resto de los niños, que era más difícil calmarla y hacer que participara en las actividades comunes. Además, en el desarrollo del lenguaje se fue quedando muy atrás. Elisabeth me contó que se sentía tonta: «¿Cómo había podido no verlo?».

Pero a veces es así: nosotros, los padres, vemos *un* niño, el nuestro, y ese niño es el que nos sirve de referencia.

Dificultades para calmarse, retraso en el desarrollo físico o psíquico, estar muy por detrás de los otros niños en su evolución son señales de las que debemos estar pendientes para valorar si hay motivo de preocupación. Las causas pueden ser muchas, pero siempre empezaremos por intentar averiguar si es física: defectos de la vista o el oído y alergias pueden ser difíciles de descubrir en un niño y suelen tener más efectos a estas edades. Si ese no es el motivo, se comprobarán el desarrollo y la capacidad de aprendizaje.

En el mundo siempre ha habido un porcentaje de niños con sus propios retos a los que enfrentarse, tal vez para toda la vida. Si uno de ellos es tu hijo, es muy importante que sepas cuál es el problema, y que os preparéis como familia para lo que pueda estar por llegar, lo que exigirá más de vosotros como padres.

Los niños que son diferentes también hacen que los «consejos estándar» no funcionen. Por ejemplo, si evita el contacto, será prácticamente imposible establecer vuestro lazo de la manera en que lo he descrito en el paso 1. Hará falta otro tipo de esfuerzo, otra vía. También puede que preciséis rutinas a un nivel muy por encima de otras familias. Todas las dudas se multiplicarán en el caso de vuestro hijo.

También experimentaréis algo que resulta difícil para la mayoría de las familias con niños que tienen retos especiales a los que enfrentarse: los otros padres no lo comprenden y tal vez presuman de los avances de sus hijos mientras tú te encuentras en un punto en el que pasos mucho más pequeños cuestan el doble. Es importantísimo tener apoyo, y mucha gente siente que lo recibe de otros que han pasado por una situación parecida. Tampoco es infrecuente que amigos cercanos no lo entiendan ni sean capaces de comprender las circunstancias en las que os encontráis. En otras palabras: es posble que resulte un viaje bastante solitario. Busca los conocimientos, busca la explicación y encuentra un verdadero apoyo.

Como padre eres responsable, precisamente, del hijo que has tenido. Sea como sea. Cuando la vida diaria es dura, esa responsabilidad queda especialmente clara.

Elisabeth y su pequeña familia pasaron por un largo proceso de diagnóstico que concluyó con que su hija tiene autismo. En cierto modo fue un alivio, pues quedó claro que había una razón por la que no era como todos los demás. Sin embargo, por otra parte, sintió una gran inseguridad y una gran tristeza. El diagnóstico dice muy poco de cómo le irá, qué podrá aprender, qué le resultará imposible, por lo que tendrá que esperar, es lo que los médicos y los expertos les han dicho muchas veces. «Me vuelvo loca cuando me dicen que a lo mejor no es para tanto, que puede ir mejor de lo que pensamos. ¿Qué clase de consuelo es ese?», suspira Elisabeth. Pero también han encontrado buenos apoyos, han aprendido mucho sobre cómo hallar el camino hacia su hija, calmarla y pasar buenos ratos juntas, ratos que antes no tenían. Sé que eso les da esperanzas para el futuro, auténticas esperanzas.

En los momentos duros, cuando es tu hijo el que debe pasar por un reconocimiento, y sientes una inquietud como nunca antes en tu vida, es crucial que los adultos encontréis una dinámica para el día a día. Debéis delimitar la ayuda externa y preservar los ratos en familia. Al principio resultará absorbente y no pensaréis en otra cosa. Pedid ayuda práctica a familiares y amigos, que al menos tengáis apoyo para cocinar y limpiar, tal vez también una hora de sueño mientras otros se ocupan del niño.

La responsabilidad principal será vuestra en cualquier caso, en mayor grado y durante más tiempo que en otras familias.

Tus sentimientos son tu responsabilidad

Todavía puedo sentir una punzada de mala conciencia cuando pienso en lo que hice pasar a mi hijo mayor. Entonces era una madre sola, y tenía problemas para abarcarlo todo. Creo y espero que no comprendiera lo duro que resultaba a veces, pero también sé que no siempre fui capaz de estar todo lo presente que debería. Recuerdo su primer día de colegio, estaba allí con el resto de los niños: mochila nueva, camisa planchada, le había repeinado y él estaba orgulloso y un poco nervioso, como suele pasar. Era un gran momento, pero en lo único en lo que yo pensaba era en una pena de amor que en aquellos días llenaba mi existencia.

La vida será difícil de vez en cuando, pero somos los adultos quienes debemos hacernos cargo de nuestros sentimientos. Nunca pueden pasar a ser responsabilidad del niño.

UNA PEQUEÑA LISTA DE COMPROBACIONES PARA LOS MÁS PREOCUPADOS:

1. Si estás preocupado por la evolución de tu hijo, ponte en contacto con un médico o con tu centro de salud ya. Recibir el asesoramiento y la ayuda precisos es muy importante para tu hijo.

2. Lee todo lo que puedas sobre el diagnóstico que os den, pero debes saber que en internet hay mucha información errónea, obsoleta o sencillamente equivocada. Lo mejor es que busques a alguien que pueda orientarte en la jungla de información disponible.

3. Atrévete a pedir ayuda, es ahora cuando necesitas hasta los apoyos más modestos.

4. No esperes que los demás se interesen tanto por esto como tú. Es a ti a quien afecta, y los otros no piensan en ello constantemente.

5. Vivir con tu hijo, tal y como es, siempre será la tarea que asumir. Unos tendrán un reto mayor que otros, pero no hay ninguna relación humana sin amor. Encuentra el amor y la alegría que podáis daros los unos a los otros.

SI LOS PADRES ESTÁN DEMASIADO PREOCUPADOS, BLOQUEAN LAS ELECCIONES POSITIVAS Y EL CONTACTO CON EL NIÑO. TAMBIÉN LOS PADRES NECESITAN AYUDA DE OTROS, DESCONECTAR Y VÍAS DE ESCAPE EN LA VIDA DIARIA

Cuando ocurren cosas trascendentales en la familia, los niños necesitan formar parte de ello, en eso consiste pertenecer a una comunidad. Hay sentimientos, tanto positivos como negativos, que deben compartirse, que nos unen y nos refuerzan. Pero si dices: «Me pongo triste cuando caminas tan despacio que llego tarde a trabajar», o «Cuando gritas en el supermercado mamá pasa vergüenza», estás transfiriéndole a un niño pequeño la responsabilidad de tus sentimientos, y no está en condiciones de gestionar algo así. Decir: «Adoro que juguemos juntos, ¡me pongo contenta!» es bonito, es compartir tus sentimientos. Sin embargo, si tu hijo percibe que tiene que jugar contigo para que estés contento, algo ha salido mal, y si ve que hay muchas cosas que te preocupan, que estás solo, si aprende que debe comportarse de determinada manera para que seas feliz, está cargando con un fardo demasiado pesado.

Esos sentimientos son solo tuyos. Puedes decir: «Hoy estoy tan cansada que voy a tener que tomarme un cafetito antes de que nos pongamos a jugar», pero resultará mal si dices: «¡Uf, me cansas mucho!».

Si la vida te ha sonreído y has tenido hijos, cuentas con más motivos aún para cuidar de ti mismo. Los niños necesitan ver adultos que controlan su vida. Cuando las cosas se complican, cuando tienes mal de amores, un jefe déspota, una suegra que te desespera o pasas por un mal momento económico, sigues siendo el adulto de referencia para el niño. Si eres padre, no puedes desmoronarte: *tú* tienes que asumir la responsabilidad. Habla con un amigo, con el banco, busca la ayuda que puedas de otros adultos.

La realidad es que el niño no puede hacer nada para cambiar la situación, no puede hacer la vida más fácil a una madre enfadada o un padre que está triste. Desde su posición, tal vez, lo intentará una y otra vez sin éxito, y llevará una carga tan pesada que, al final, solo le quedará un sentimiento de impotencia. Acabarás teniendo un hijo que estará tan agotado que primero desistirá de sus propios sentimientos y luego de los de todos los demás. Es un modo muy exigente de empezar en la vida.

EL CAMINO A SEGUIR

Un día saldréis por la puerta de la escuela infantil por última vez. Recogerás sus cosas en la mochila manchada de cacao, reunirás sus dibujos y la ropa de repuesto, cerrarás el portón a vuestra espalda.

Empieza una nueva fase, tanto para ti como para tu hijo. Cuando el niño se aproxima a la edad escolar, algunos sentirán que es bueno y para otros llegará demasiado pronto. Está bien que tu hijo haya aprendido a vestirse solo, ir solo al baño y guardar sus cosas en una bolsa, todo ello le hará más fácil ser autónomo. Ya utilice botones fáciles de cerrar o zapatos con velcro, lo más importante es que el niño sienta que tiene el control.

Muchos empiezan ahora a preguntarse: «¿Hasta dónde ha llegado de verdad mi hijo? ¿Qué sabe? ¿Cómo es de listo?». Pronto el mundo se

llenará de exigencias, de cosas que hay que saber; pero creo que podemos, darle la vuelta y fijarnos en lo que ya saben. Si aprenden a contar hasta cien, si se saben el nombre de todos los colores, el nombre de todas las formas geométricas, eso está muy bien, pero no es nada comparado con lo que de verdad han aprendido durante estos años.

Tu hijo ha aprendido en poco tiempo a caminar, a correr, a hablar y tiene su propio sentido del humor, entiende el ambiente que se respira en una habitación, y se comporta de manera distinta en función de con quién esté.

Tu niño ya es fantástico, él o ella ya han dejado atrás un viaje casi inconcebible y mágico. Deja que ese sea el punto de partida. El alfabeto y la tabla de multiplicar pueden llegar cuando les toque.

GRACIAS A TODOS LOS SABIOS...

Son tantos los que contribuyen a esta labor, tanto de manera directa como a través de mis lecturas. La salud psíquica de los niños es una área de competencia que no deja de expandirse, si bien muchas de las bases en las que se sustenta son firmes: los niños siguen siendo niños y las relaciones humanas, lo que tememos, lo que buscamos, cambian poco.

Como persona y como inspiración académica, Jesper Juul y su red *Family Lab* juegan en una categoría propia. Él ha difundido una manera respetuosa y atenta de escuchar a los niños, y ha cambiado la percepción de estos en un país tras otro.

Nuevas maneras de entender el desarrollo cognitivo de los niños también han supuesto una gran contribución a este libro. Los psicólogos Daniel Hughes y Daniel Siegel han escrito y difundido un conocimiento valiosísimo durante los últimos veinte años.

Debo dar las gracias de modo muy especial a Per Eriksen, un pionero en el campo de la terapia familiar en Noruega. Ver a los niños sin ver a los padres carece de sentido: ayudar a los padres siempre llevará implícito algo para sus hijos. La curiosidad y el optimismo de Eriksen ante lo que podrían parecer problemas inabordables es algo que llevo conmigo en el día a día.

Arne Jørgen Kjosbakken, la mejor persona que conozco, es a la vez mi colega de profesión y mi mejor amigo. Y el pequeño colectivo de psicólogos que hemos construido, al que se han incorporado otros haciendo que las discusiones sean mayores y más divertidas, lo es todo para mi desarrollo profesional.

Pero los más importantes son los padres con los que me encuentro. Tanto en la consulta para terapia como en las charlas que doy, veo a padres, pedagogos y otros expertos que comparten preguntas, historias y problemáticas. Es a través de todos esos encuentros como me pongo en contacto con las cuestiones que me hacen seguir adelante, que me dan ganas de leer y escribir.

Muchas gracias a todos y cada uno de los que han escuchado, preguntado, llorado y reído ya sea en una charla, un correo o en terapia. Me gustaría que el día tuviera el doble de horas para tener esos encuentros.

Al final, yo también me quedo con los más próximos. Mi amado y mis tres chicos: Kjetil, Max, Klas y Mikkel. Sin el apoyo, la confianza y los retos que me dais, no habría ningún conocimiento que compartir.